U0862686

本书献给创造新生活的全体幸福紫南人
为中国幸福村居建设的伟大实践者点赞

——作者寄语

图书在版编目（CIP）数据

幸福村居：紫南村的理论和实践/张勇，张珺著．—广州：暨南大学出版社，2015.12

（幸福广东丛书）

ISBN 978－7－5668－1714－3

Ⅰ.①幸… Ⅱ.①张…②张… Ⅲ.①农村—社会主义建设—研究—佛山市 Ⅳ.①F327.653

中国版本图书馆 CIP 数据核字（2015）第 301843 号

出版发行：暨南大学出版社

地　址：中国广州暨南大学

电　话：总编室（8620）85221601

营销部（8620）85225284　85228291　85228292（邮购）

传　真：（8620）85221583（办公室）　85223774（营销部）

邮　编：510630

网　址：http://www.jnupress.com　http://press.jnu.edu.cn

排　版：广州市天河星辰文化发展部照排中心

印　刷：佛山市浩文彩色印刷有限公司

开　本：787mm×960mm　1/16

印　张：14.5

彩　插：2

字　数：188 千

版　次：2015 年 12 月第 1 版

印　次：2015 年 12 月第 1 次

定　价：30.00 元

（暨大版图书如有印装质量问题，请与出版社总编室联系调换）

紫南村部分村居全景图

紫南村领导班子

美丽恬静的紫南村头村河涌

村党支部书记潘柱升带队下村检查各村卫生情况

目　录

绪言

紫南现象——从“大乱”到“大治”再到“大发展”

仅仅八年时间，紫南村的村容村貌就发生了翻天覆地的变化。“翻天覆地”这一词语，是紫南村一位村民在接受外来记者采访时的真实表述。“不怕你没车没房，就怕你没紫南村户口。”每一位紫南村民的脸上都洋溢着这样的自信和自豪。

昔日脏、乱、差的旧村庄，如今变成了新型社区和幸福村居。昔日因各种问题频繁上访的紫南村民，如今变成了幸福紫南人。

紫南村由“大乱”到“大治”再到“大发展”的成功蜕变究竟有何奥秘？

紫南村，位于广东省佛山市禅城区南庄镇西北面，下辖15个自然村，共20个村民小组，面积约5.88平方公里，常住人口6 050多，党员171人，现有大小厂企50余家，外来暂住人员6 000多。

八年前的紫南村，全村合同总收入只有930万元，人均分红只有846元，村民人心涣散，村务管理水平差，村委会没有凝聚力，上访率居全镇之首，是远近闻名的“上访村”。“收入低、人心散”和环境卫生“脏、乱、差”是当时紫南村的真实写照。同时，由于紫南村面积大，治安也成为老大难的问题。因此，紫南村也成为当时南庄镇数一数二的落后村。

2007年9月村党支部换届时，南庄镇党委为选好村党支部书记，派专人三顾茅庐，北上贵州拜访潘柱升，热诚邀请开发大西南市场的奇人回乡，带领全村人共同致富。

当时，在是否回乡担任村党支部书记的问题上，作为成功企业家的潘柱升经历了一个痛苦的选择过程，对南庄镇政府前两次的邀请，潘柱升都在第一时间婉拒了。原因有二：一是他从1998年开始远赴贵州创业，搞专业市场出租，到2007年已拥有6家企业，1 000多名员工，每年租金收入近1亿元，如果他回去了，企业怎么办？二是他自己未从过政，怕做不好，误了紫南村的大事。

历史的镜头定格在这一情景：2007 年 11 月初，南庄镇党委副书记陆顺莲带领工作组第三次到贵州找潘柱升，这次他们没有跟潘柱升谈家乡情感，而是改变策略，跟他讲党性：“老潘，你有三个‘二十几的年龄’：二十几年婚龄、二十几年烟龄、二十几年党龄，但在关键时刻，却没有表现出你应有的党性。”潘柱升一下子愣住了。

陆副书记继续说：“你是一位有二十几年党龄的老党员了，你在贵州办企业能那么成功，离不开你自己的努力，但也离不开组织对你的培养。一个共产党员，除了自己成功外，还得有更高的追求！你的家乡紫南正处于最困难的时期，作为党员，你应该肩负起帮助家乡发展的重任，为家乡的经济发展出一分力呀！”

这一番话说得潘柱升热泪盈眶。对于自己的成长历程，潘柱升最为清楚。他出生在一个兄弟姐妹多、穷得叮当响的农村家庭，是一个地道的农村娃，身材矮小，文化不高，哪怕站在舞台上也丝毫吸引不了别人的注意，如果组织不给他当兵的机会，不安排他进师部教导队，不给他进国营家具厂的机会，他能有今天的成就吗？现在他功成名就了，党组织和家乡人民需要他了，他却摆摆手说走不开，这是一个共产党员应该做的吗？

潘柱升那颗赤子之心在燃烧。共产党员的党性原则在召唤，6 000 多名村民在期盼。他想：与之相比，贵州的企业又算什么？于是他有了把下半生还给农村，用自己的聪明才智服务好家乡父老的信念。

潘柱升放下了在贵州经营多年的生意，接受组织的邀请回到家乡紫南村担任党支部书记。2008 年 4 月，新一届村委选举，潘柱升又被全体村民推选为村委会主任。上任后，潘柱升用客观的眼光看过去，用发展的眼光看未来，并以“狠抓经济发展、关注民生事务，全力建设和谐发展的现代化新农村”“造福乡梓，服务农民”为工作思路，打造“五化”（即经济发展规模化、社会管理制度化、集体效益最大化、公共关系人性化、矛盾纠纷和谐化）村委会。经过多年艰辛努力，最终得到丰厚的回报，紫南村实现了飞跃式发展。村合同总收入和人均分红逐年上涨，分别由2007年的930万元和846元，上升到2014年的7 200多万元和9 000元，合同总收入和人均分红分别翻了约8倍和11倍。

紫南村连续七年被评为“南庄镇先进集体”，并相继获得了“全国民主法治示范村”“全国人口和计划生育基层群众自治示范村（居）”“广东省卫生村”“广东省创先争优‘南粤先锋’先进基层党组织”“广东省宜居示范村庄”“广东省村务公开民主管理示范村”“佛山市生态示范村”“佛山市‘十好’和谐文明村（居）”“佛山市人民调解规范化建设示范单位”“佛山市五星级健康村”等光荣称号。

紫南村的实践和发展表明，只有立足新型社区和幸福村居的发展理念，才能促进基层社会管理和服务升级；只有坚持创新基层社区治理和服务方式，才能促进政治、经济、社会、文化、生态和党建的全面发展。

【链接】

此心安处是故乡

潘柱升

（图片来源：紫南村委会）

漫漫人生，无限感受在其中。在踏进知天命的人生阶段之后，在经历过无数欣喜而变幻的岁月之后，在经过了异乡漂泊突返故里的六年村干部征途上，在新一轮的村党支部换届选举尘埃落定之时，回望这片故土，对自己曾经走过的或蹒跚，或艰难，或疼痛，或欣然的岁月就多了一份难以自控的情感。

这六年踏过了多少不易与坎坷，这一路走得如此悲壮而艰辛！

那些浸透心血的日日夜夜，那些挥之不去的点滴记忆，那些一路走来的深浅脚印，在此刻，化作了泪和汗。

然而，我知道，我必须擦干泪水和汗水，既然选择了承担，我必须义无反顾。

抉择

2007年，我突然迎来了人生的一次重大抉择。

那一年，我接到南庄镇有关领导的邀请，让我回到紫南村担任党支部书记和村委会主任。那一年，正是我在贵州苦心经营多年的企业发展的关键时刻。一方面，我难以回绝镇领导诚挚的邀请，另一方面，一旦选择回乡，我苦心经营起来的贵州企业将无人经营。一个在贫穷中经历过无数苦难的农民子弟好不容易有了一点财富积累，就这样轻易放手心有不甘。如果不回，又怎对得起家乡领导的信任和那片生我养我的土地？那几天夜里，我辗转反侧，在贵州的这间寝室里，烟雾弥漫，不经意间密密麻麻的烟头丢了一地，在痛苦的煎熬中做艰难的抉择，一如当年我从公办企业选择下海经商一样难。

“不是说在外面赚了不少钱吗？赚了那么多钱干嘛还要回到紫南这个穷村？”“莫不是贪图家乡的土地？是不是要出卖村里的利益而中饱私囊？”“潘柱升肯定是有目的的，否则他绝不会回来。”……说实话，我还待在贵州，还没有决定返回家乡时，关于我回乡目的的种种猜测和风言风语已经传入我的耳朵。我纠结着、犹豫着，风言风语快速在我脑海中掠过，心想我就是从这个议论四起的贫穷小村走出去的，当初如果没有家乡人民把我送进军营，我怎能受到部队的锤炼，如果没有家乡人民的推举，我又怎能在这座大熔炉里光荣入党！想到这些，我心里明白，生意上的成功与党的多年培养教育息息相关，作为一名党员，不应只考虑自己，既然党和政府呼唤我，我就应该义不容辞，把我在市场大潮中学到的东西用到家乡的致富上，用事实回答村民对我的质疑与猜测，只要我把紫南带向富强，只要我潘柱升一心为公，就不怕村民们的议论。对这个贫穷的小村，我有义务，更有责任！只有回去才能不辜负这片土地对我的哺育，只有回乡带领村民干一番事业才能对得起党对我的栽培。

当东方泛起鱼肚白，我掐灭了手中的烟蒂："回去，应该回去！"那一刻，我知道，在故乡与异乡创业之间，我心灵天平偏向的永远是我魂牵梦绕的故乡！

而这一决定，几乎改变了我的后半生。

初见

当踏回紫南村这片土地时，我不敢相信自己的眼睛：依然是遍地的垃圾、低矮的破房、凌乱的摊贩，以及戴着破烂草帽翻拾垃圾的村民。一阵微风吹过，你能看到沙尘伴着塑料袋从你身旁飞过，你还能看到两眼无神的村民坐在自家低矮的破房内无奈地看着街道……

我实地了解下来，那些冰冷的数据更让人痛心疾首：当时全镇全年村民人均分红 4 000 多元，而紫南村只有 800 多元，人均分红在南庄镇各村中居末位！更要命的是，经济落后和管理体制混乱带来的社会矛盾，特别是民怨民愤，已经日益激化，紫南村成为有名的"上访村"。

"上访村"?！紫南，原本是一个富有诗意的名字，一个在别人心中应该是婉约大气的形象，而今却被冠上了这么一个不可思议的称呼！那时我的心情沉重无比，而更重的是肩上的担子！

当时的紫南经济落后，管理混乱，人心涣散，社会矛盾尖锐，我这个农村基层管理的"门外汉"面对种种问题时内心的杂乱无以名状。但是，我知道我没有退路，如果我不能扭转这种局面，我会在全体村民面前颜面扫地，会让全村人笑掉大牙，会让镇领导大失所望，从此我和我的家人都无法在紫南抬头！我感受到从未有过的压力。

从此，我常常夜不能寐。

落后的经济，混乱的管理，涣散的人心，脏乱的环境……每每想到这些，我总是辗转难眠，实在睡不着时我便坐到书桌前，点上一支烟，不断翻看关于紫南的所有资料，一遍一遍地思考着，在紫南这块土地上，哪里可以招商引资，什么时候才能建设一座好学校，怎样才能把村民的收入提高，而这些都是改变紫南的根本。换一个角度来看，紫南更像一张白纸，一无所有得让人绝望，但正是一无所有，紫南才有更大的发展空间和发展潜能。渐渐地，窗外亮了，我才发现昨晚又是一夜无眠，而桌上已堆满了烟头，在紫南发展思路的稿纸和蓝图上早已落下层层烟灰。

面对如此难以治理的紫南，有关领导提出给我相应的工资待遇，我顿觉惶恐，一点成绩都没有，我怎好意思拿这里的一分钱！于是，我以自己的工资设立了“书记基金”，帮助那些有需要的人，直到现在。

碰　撞

那个时候，让我感觉最煎熬的其实并不是怎样具体地发展紫南，而是村民对于我所实施的一系列改革的不解和质疑。或许是对紫南的失望所致，他们更多的是怀疑我的动机，质疑我的工作能力。在紫南刚发展起来的时候，所有的困难、茫然、痛苦加起来都比不上村民的质疑带给我的孤凉。今天回想起来，感觉那时的自己就像是站在孤岛上，周围并没有人理解你、支持你。但在那时，我心里更加清楚，一百遍的解释都比不过实实在在的成效。或许，那种质疑也是促使我坚决把紫南带向成功的一种动力。

在最初任职的三年中，内心的焦急和外界的质疑让我不敢有一丝的懈怠，我就像一辆加足力的马达不停地转动着，田间地头、农户院落、工程现场……为了加快紫南的发展，我常常与伙伴们熬更守夜地进行谋划，落实工作。当万家灯火亮起，别人和家人围在一起看电视、聊家常时，我却只能在办公室或家里查看资料，督查工作进程，规划后期工作。起初，家里总是来电话不停地询问我什么时候回家，我也只能不停地对他们说“对不起”。除了这三个字，我又能说什么呢？渐渐地，家人习惯了我的这种工作强迫症后，便不再打电话询问我回家的时间。当我拖着疲惫的身体回到家时，孩子早已进入梦乡。而我，却只能在孩子的脸上轻轻吻一口，生怕吵醒了熟睡的孩子，我对孩子浓浓的父爱只能凝聚在这轻轻的吻中，我不知道孩子是否能够感受到它。当我回到家，爱人对我说得最多的话便是孩子一直在等你回家，他今天又有什么事想要跟你说呢！每每听到此，我的心中便像打了结一样，愧疚、思念都只能换成一声叹息，但是我既然选择了这条路，便不能回头。

改 变

光阴似箭，六年的时光如白驹过隙，让我痛并快乐着。痛是因为尽管把人生最宝贵的时光都贡献给了这片土地，没有拿村里一分钱的工资，全身心投入到紫南的发展上，却还是被人指指点点，背后非议。在这当中，让我稍感欣慰快乐的是，这六年紫南是实实在在向前发展着。那些拔地而起的企业大楼、熙熙攘攘的商贸城、热闹非凡的美食城、秩序井然的学校和幼儿园、美丽大气的村民住房不时地在我眼前呈现。如今的紫南再也没有翻拾垃圾的村民，再也没有沙尘伴着塑料袋飞舞，再也没有落后的经济排名；有的只是在街道边的健身器材上健身的村民，整洁干净的街道，农民的欢声笑语。更让人欣慰的是下面的数字：2012 年，紫南村的合同总收入突破 5 000 万元，人均分红 5 294 元，今后将继续以较高的增长率快速提升。同时，在全镇率先实现了全民医疗参保，对幼儿园、小学进行了升级改造，建起了老人活动中心和禅城区首个村级邻舍服务中心，建成了安全小区，大手笔地进行了绿化建设。紫南基本形成了“幼有托、老有养、病有医、

居则安、住则美”的局面，村集体经济成倍增长，村民生活质量得到了大大的提高。

紫南村今非昔比。现在，紫南村民俗民风纯正，绝大多数人都是心往一处想，劲儿往一处使。村民从最初的排斥、质疑到现在的支持、配合，都让我对村民们心存感激。没有广大村民的支持，现在的紫南不会发展得如此迅速；没有上级领导的大胆放权，紫南就不会有今天如此井然有序的制度；没有紫南村全体干部和我一起熬夜加班，我曾经在一个个不眠之夜绘出的紫南发展蓝图就只是一张张废纸。

因为这些帮助和支持，我的成绩得到了见证，这令我倍感欣慰。光阴荏苒，六年过往的点点滴滴生动地留存在我的记忆中。新的换届选举刚结束，而我在未来三年又将要继续担任紫南村党支部书记，人生有多少个这样的三年呢？我感觉是幸运的，能在人生最年富力强的时候把青春和热血都献给我所钟爱的土地和人民，是我人生价值的最高体现！

心装村里的发展大事使我养成了早起的习惯。现在，晨跑成为助我思考的一个重要方式，每天早晨，我都会在紫南的街道上慢慢跑着，边跑边看边思考已成为我的习惯。跑步时，我会在晨光中打量着这名叫“紫南”的村庄，如今，这个地方已经完全配得上这样诗意典雅的名字。紫南越是美丽就越需要发展，那么，取得阶段性进步的紫南如今又将如何发展？这片美丽的土地，又将焕发怎样的生机？这将是我今后三年里每天思考和为之努力的课题。

愿景

完美总是不会在现实中存在的，紫南仍然有一些亟待解决的问题。我一直以来都明白，农村的工作之所以困难重重，那是因为它是各种矛盾的解决终端，所有千头万绪的工作都必须在村委会层面干得井然有序。比如说土地资源的利用，随着国家对土地管理制度的不断完善，经济不断发展，农村能利用的土地越来越少，新的社会矛盾也日益明显，特别是随着城市升级和“三旧”改造的不断推进，各种新的矛盾可能越来越多。再如物流市场的开业，带来很大的产业效益，但是，由此带来的社会问题，诸如交通压力、治安问题、子女入学就业问题、环境保护问题等，都将是我任内不可回避的困难。但我绝不会被这些发展中的困难吓倒，因为我的身边有一帮业务能力过硬的村干部和工作人员，我的身后有一呼百应的村民的支持，这些困难终将会被克服！

紫南村的发展道路是曲折的，但前途是光明的！随着佛山市城市升级、产业转移，政府全力打造城西新城名片，紫南的发展更是充满了希望！现在，紫南区域内或邻近地方，规划有地铁交通枢纽、佛山汽运交通枢纽等，如禅港路等很多重要的交通干道经过了这里，紫南区域优势明显，这些优势必将推动紫南村的迅猛发展！

特别是经过前几年的努力，紫南村的经济基础好了，加上村民民风淳朴、热情高涨，党员干部思想觉悟高，队伍建设卓有成效，干部群众一条心，又有较完善的经济发展配套设施，我相信，未来的三年，只要大家齐心协力，我的工作将会更加高效、更加成熟，紫南必将迎来更广阔的发展前景！

待 发

稍有闲暇之余，我会走在紫南的街道上，静静地看着这个重新焕发着生机的小村庄，既熟悉，又陌生，一个念头油然而生。那就是当我退休后，我希望当紫南人看到商贸城、看到紫南小学、看到紫南幼儿园、看到紫南中心公园、看到紫南的每一处变化时，就想起潘柱升和他的团队以及他在紫南做过的一些事，那样我就会觉得很满足，我想这就是对我本人最高的评价了。我不喜欢追名逐利，因为我知道，我今天所做的一切也仅仅是打基础，是紫南日后腾飞跨越的一种基础。我更知道，长江后浪推前浪，江山代有新人出，我希望我和我的村委会战友们不要辜负新的使命，在新一轮发展机遇面前能更加夯实紫南前行的基础，为下一届更有能力的同志带领紫南实现跨越提供最为有利的条件，这是我的精神追求，也是一个未来老支书的精神寄语。

有人曾问我：“是否后悔回来紫南?”——我不知道该怎样回答。因为，在紫南的这些年，我有过困惑，有过疲累，有过欣喜，但无论在怎样绝望的情境下，我都挺过来了。所以如果真要回答，我会用一句似是而非的话来回应，那就是“很不容易，但深感值得”。

又是三年的征程，这既是群众的信任，也是党委的重托，更是我的责任。我深知不能让鲜花和掌声淹没了群众意见；不能让成绩数据淹没了存在的问题；不能让发展成就麻痹了忧患意识。我有信心，有梦想，也有能力和毅力在紫南村这片神奇的土地上耕耘出成功的果实，创造紫南灿烂美好的明天，给党和人民交一份满意的答卷，同时也为自己的人生写下富有意义的一页！

万里归来年愈老，谁怕！但求此心安处是故乡！

我，已整装待发。

（来源：《紫南之窗》，2013 年 8 月 20 日）

第一章

幸福紫南——中国新型社区和幸福村居的典型示范

中国的村庄起源于旧石器时代中期，并伴随人类文明的进步不断演化。时至今日，中国农村新型社区是中国村庄新型城镇化、新型工业化和现代化的演化版本。在这种演化进程当中，中国村庄向新型社区转型会发生哪些具体的变化？中国村民的身份和生活方式会发生哪些具体的变化？这一切，成为当代社会科学工作者和人文学者关注和探讨的一个时代新课题。

第一节　村庄概念的历史考察

村庄是人类聚落发展中的一种低级形式，因为以农业为主，因此又叫农村。它是走向高级聚落——城市聚落的必经形式，包括所有的村庄，以及拥有少量工业企业和商业服务设施但未达到建制镇标准的乡村集镇。在农区或林区，村落通常是固定的；在牧区，定居聚落、季节性聚落和游牧的帐幕聚落兼而有之；在渔业区，还有以舟为居室的船户村。村庄聚落一般有固定的居民点，按平面形态可分为团聚型，即块状聚落（团村）；散漫型，即点状聚落（散村），它受经济、社会、历史、地理诸条件的制约。历史悠久的村落多呈团聚型。

中国的村庄聚落约起源于旧石器时代中期，随着人类文明的进步逐渐演化。在原始公社制度下，以氏族为单位的村庄聚落是纯粹的农业村社。村庄聚落始终是人类聚落的主要形式。进入资本主义社会以后，城市或城市聚落广泛发展，村庄聚落逐渐失去优势而成为聚落体系中的低层级的组成部分。

在社会学意义上，村庄是一个村落共同体。社会学对村落共同体的一般定义是：村落共同体以土地的私人占有为基础、以村落共有的水利设施为补充，在共同体中形成了关于耕地和耕作的规则、用水规则等共同体规则，并在此基础上确立了生活规范。在村落生活中，村民之间形成了共同的文化信仰，形成了超越个别利益、在生命意义上的相互认同感。

第二次世界大战之后，以《中国农村惯行调查》六卷本的调查报告为依据，清水盛光、平野义太郎、戒能通孝和福武直等日本学者分别出版了关于中国农村社会结构性质与共同体思想的研究专著（清水盛光，1951；福武直，1976；牧野，1978）。他们使用相同的调查资料，却得出了截然相反的结论。中国农村是否具有村落共同体的性质，是日本社会学领域在中国农村研究方面的争论焦点。

清水盛光和平野义太郎认为，中国农村存在着“乡土共同体”，并认为包括中国在内的亚洲村落以农村共同体为基础，以家族邻保的连带互助形式实施的水稻农业要求以乡土为生活基础，以生命的协同、整体的亲和为乡土生活的原理；村落在农村生活中的农耕、治安防卫、祭祀信仰、娱乐、婚葬以及农民的意识道德中的共同规范等方面具有共同体意义上的相互依存关系。而戒能通孝和福武直则认为，中国近代农村是开放的，而非封闭的；村落没有明确的地理边界，没有形成固定和稳定的村落地域集团；村落是由松散的个人联合而成的集团，由纯粹的实力关系支配，没有村落共同体意识，也不存在村落共同体；中国农村不存在日本农村对村民具有巨大制约作用的规范，村民的关系是扩散性的，村落本身不是共同体，而仅仅是一种结社，村落只是在“看青”“打更”等安全防卫之类的基础需求上组织起来的，不存在精神上的相互认同和相互依存。

如果从历史的角度看，在中国传统乡村社会中，血缘关系及家族利益是人与人之间的纽带，也是人们交往和信任的重要基础，在家族范围内人们相互信任、守望相助、亲密无间，由此形成一种血缘共同体及家族共同体。在不少地方，家族的聚居也形成以家族为中心的地域共同体。正如费正清所指出，“中国家庭是自成一体的小天地，是个微型的邦国。从前，社会单元是家庭而不是个人，家庭才是当地政治生活中负责的成分”[①]。中国著名社会学家费孝通著有《江村经济》《乡土中国》等著作，正如布·马林诺斯基在费孝通的《江村经济》一书的“序”中所说，“据我所知，没有其他作品能够如此深入地理解并以第一手材料描述了中国乡村社区的全部生活”。费孝通将传统中国社会结构关系的特征称为“差序格局”。在这种特殊的社会结构里，从己到天下是一圈一圈推出去的。在传统社会圈子中，除了“家庭圈”“亲属圈”和“家族圈”，还有邻居、朋友等以地缘为特点的社会圈，形成传统的社会关系网络以及圈内人的人情、认同、信任和圈外人的排斥、疏离、不信任等。当然，传统社会的村落共同体还必须为乡民提供水利、耕作、治安防卫、祭祀信仰以及娱乐等的支持和保障，由此获得人们的认同和信任。如此，也就产生了以血缘、亲缘、地缘关系为基础的“共同纽带”“社会交往”和“认同意识”等乡村社区特征。在这里，虽然不同学者对传统农村社会有不同的描述，但是，他们都发现血缘关系成为社会关系的重要基础，也是乡村社区及共同体组织的重要基础。

华中师范大学中国农村问题研究中心的项继权教授，通过对我国农村社区及共同体的变迁和发展的考察，分析了不同历史时期农村社区或共同体的认同基础及其变化，探讨和说明了在开放社会背景下我国乡村共同体的重建之路。他认为，一定的认同和归属感是共同体的特征，也是其赖以存在的基础。在我国不同的历史时期以及不同的社会经济背景下，农村社区及共同体有着不尽相同的认同基础和特征。如果说由传统家族主导的村落是建立

① 费正清．美国与中国（第4版）．张理京译．北京：世界知识出版社，1999. 22.

在血缘关系基础上的社会生活共同体，那么新中国成立以后人民公社时期的基层社区则是一种“政经不分”“政社不分”的经济共同体和生产共同体。随着农村的改革及乡村社会的分化，建立在集体经济及政治控制基础上的社区日趋解体。在新的历史时期，依靠加强农村基层政治与行政管理以及经济的集体化或合作化都不足以重建社区和社会生活共同体，应通过改善农村公共服务，用服务将人们联系起来，在服务的基础上重建农民的社区及社会信任和认同，构建新型农村社会生活共同体。[①]

著名的“三农”问题专家李昌平在他的新著《再向总理说实话》中，提出“重建农民村社共同体”。他认为，农民村社共同体的特点：第一，有共同的“产权、财权、事权、治权”。第二，“三位一体”，即村民共同体有“经济发展、社区建设、社区治理”三种职能和功能。第三，在村民共同体内，有最高权力的村民大会，有村民委员会以及其他社团和经济组织。

李昌平提出的“村社共同体”，是一个源于社会学的概念，是“村社”和“共同体”的复合型名词，既体现了历史承继性，又体现了中外历史上村社共同体的“合理内核”，还体现了现实的需要和长远的发展方向。如果要用更简洁的话加以概括，李昌平的“重建农民村社共同体”，就是以土地集体所有制单位为地理区划，以土地集体的成员为主体组成的包括经济、政治、文化、社会、生态在内的农村社区综合性自治组织。“村社”既指地理区划、经济区划，又指行政区划，是共同体的载体。“共同体”是指区域内的基本生产资料（如土地等），以及政治、文化、社会、生态的村民共有、共建和共享，其具体内容可以随时代的发展而不断更新。“自治”是它的基本治理方式，就是“我

① 项继权．中国农村社区及共同体的转型与重建．华中师范大学学报（人文社会科学版），2009（3）．

的社区我做主”，这种做主，并不排除中央和省市县乡的指导和经济上的扶助。从实践出发，概括为一句话就是：所谓“重建农民村社共同体”，就是“现行村或村民小组的完善和重建”，“名称不变，内容全新”，或者叫“旧瓶装新酒”。对村一级来讲是把“有法不依”变成“有法必依”，把不完美的完善起来；对村民小组来讲是立法立规，重新确认。农民村社共同体无论是以村、村民小组还是以自然村落为单位，基础都是土地集体。在具体实践中，原土地集体是以自然村落为单位的，则自然村落是一个村社共同体；原土地集体是以村民小组为单位的，村民小组即是一个村社共同体；原土地集体是以行政村为单位的，则行政村是一个村社共同体。今后，在有的整个村民小组或行政村的人口正式迁移进城后，只要其在原地的财产所有权或使用权没有消失，他的成员权也就没有消失，但余下的人口，则有可能组成更大地理区划的共同体。这样，土地集体就成为村社共同体下属的经济组织。

李昌平提出“重建农民村社共同体”，主要是基于这样的考虑：现存的农村基层组织并没有完整地组建起来，或者是职能不明，处于一种离散的状态，甚至成了“烂尾楼”。比如，由“生产队”直接过渡来的“村民小组”，本属农村基层组织的基石，但其职能是什么，至今不得而知。又如，村民自治，实际是不少地方存在“有村民、无自治”的状况，仅仅成为上级行政的“过水田坝”，以至于有的村，一般性的日常治安责任，都由国家设立的村级警务室来承担，村民成为“看客”，这就增加了国家的行政成本和农村基层的不稳定性。又如，城镇征地拆迁引发的一系列恶性事件，土地集体的成员缺位是一个重要原因。事实上，征地拆迁中各农户该不该拆，补偿在总体上合不合理，在各户之间的补贴合不合理，只要放到村社共同体之内，一般是可以解决的。各种惠农资金到了共同体内，该如何分配和使用，只要指导得法，也是可以解决的。因此，重建农民村社共同体就成为国家制定农村政策的当务之急。这就是李昌平提出重建农民村社共同体的现实意义所在，成为李昌平架构的农村新型体制的亮点，也是农村基层的急切期待。

在经济和行政功能独立后，村庄将成为以生活互助为基本功能的新型生活空间。作为日常生活单位，需要确立每一个农户的独立的社会地位，使其成为村庄共有财产的真正所有者，这样村庄社会成员才能在自由、平等的基础上，建立新的平等、共享、合作的关系，构建新型生活共同体。身份的平等性是现代社会的重要特征，唯有如此才能保证机会平等，才可能不是一个“人治社会”“家长社会”，而是遵循契约和法律的现代社会，实现社会秩序的规范化和稳定化。

当代中国农村正在积极推进新型社区建设，需要培育农村新型社区生活共同体，形成村庄和村社的凝聚力和向心力，以实现农村社区的和谐稳定。与此同时，还要重新认识家族、宗教、乡贤治理等传统文化的作用，培养村民对村庄和村社的文化认同感和文化归属感，建立村民日常生活的互助组织，这是实现真正的村居自治的基础和条件。

第二节　社区概念的历史演变

社区是世界各国社会结构与社会体系的重要组成部分。社区研究是一个公认的国际前沿课题。

现代社区是如何形成的?

作为人类的共同体，社区是在社会的自然发展过程中形成的，是作为生命个体的人类相互依存的基本需要，在本质上它把个体连接在一起，通过参与共同体事务、为共同体服务来满足个体的生存和发展需要，它也是公民社会的形式和表现形态之一。

我们可以通过著名的《五月花号》（*Mayflower: A Story of Courage, Community and War*）来理解上述理论。《五月花号》讲的是关于美国立国的一连串故事，从那些来自欧洲，乘着“五月花”号的天路客（Pilgrims）发现（Discover）美洲大陆开始，到他们进入美洲社会，形成自己的社区（Community），在那里安营扎寨，先是与印第安人共同生活，后来又与印第安人发生冲突，形成美利坚共同体，它通过讲述这一过程向我们展示了现代社区的形成及其内在矛盾。《五月花号》中是这样描写社区形成的：“他（布拉德福德）来到美洲的目的不是建立一个强大的殖民地，而是组建一个紧密团结的、敬畏上帝的教区。为了达到这一目的，每个人必须居住在一起，在同一所教堂里敬畏上帝。”

《五月花号》的作者在讲述这个故事和讨论教区的时候，用的是“community”，即“社区”。从这里我们可以看到社区的一些特点：共同的目的、同一居住地、共同的归属等。几百年以后，美国第42任总统克林顿在谈到社区时说：“人们很容易忽略这样一个事实：即共同工作以建立共同基础是我们这个民族最重要的价值观之一。”“共同工作是美国人民最擅长的事情。”这种擅长来自美国的历史和文化，包括“五月花”号的天路客们的历史。美国最早的社区就是教区。在教区中，人们有着共同的信仰、共同的目的，且居住在一起。

英国学者H. S. 梅因在1816年出版的《东西方村落社区》一书中首先使用了“社区”一词。德国社会学家F. 滕尼斯（Ferdinand Tonnies）从社会学研究的角度首次提出了“社区”的概念。他在1887年出版的《社区与社会》（*Gemeinschaft and Ge-*

sellschaft）一书中提出了“社区”的概念，即“Gemeinschaft”（德文，一般译为共同体、团体、集体、社区等）。滕尼斯用这个词表示一种由具有共同价值观念的同质人口所组成的关系亲密、守望相助、存在一种富有人情味的社会关系的社会团体，人们选择加入这种团体，并不是根据自己的意愿，而是因为生长在这个团体内。其后，美国的查尔斯·罗密斯（C. F. Loomis）将这本书译成英文，书名为 *Community and Society*[①]，并将德文“Gemeinschaft”英译为“Community”。“Community”一词有公社、团体、共同体等含义。罗密斯认为，社区是自生的，而社会是结合的；社区是同质的或异质共生的，而社会是异质的；社区是相对封闭的、自给自足的，而社会则是相对开放的、相互依存的；社区往往是单一价值取向的，而社会则是多元价值取向的；社区是人们感情和身份的重要源泉。后来，美国社会学家 R. E. 帕克（Robert Ezra Park）等人又赋予了社区地域性的含义。帕克认为，“Community is not society”（意即社区和社会在概念上是不同的）。1933 年帕克访华之前，我国学界把“Community”和“Society”都翻译成“社会”，在帕克的影响下，费孝通等燕京大学青年学生，首次将英文“Community”译成中文“社区”[②]，并将社区概念引进我国。费孝通先生在谈到“社区”这个术语的翻译时指出：社会是人际关系的综合，每一个社区都是一个社会，而社会却不是社区，“这个词实际是指在一个地方共同生活的人……是指一群聚集在一个地方分工合作的人，它是具体的，这群人之间的关系，即人际关系，构成社会”。费孝通将社区定义为：“若干社会群体（家庭、民族）或社会组织（机关、团体）聚集在一

① Ferdinand Tonnies. *Community and Society*. Translated by Charles F. Loomis. New York: Harper & Row, 1965.

② 费孝通. 学术自述与反思. 北京：生活·读书·新知三联书店，1996.

地域里，形成一个在生活上互相关联的大集体。”他在吴文藻先生的指导下，与其他学者一起致力于我国本土的社区研究，确立了社区研究在我国社会学中的重要地位。在中国社会学界中，“Community”的“社区”这个译名被沿用下来，逐步成为社会学的一个专门概念。“社区”这一学术概念被许多中国学者引用，并逐渐流传至今。

据统计，自滕尼斯提出社区的概念后，中外学界对社区概念基本内容的理解也在不断发生变化。至今关于社区的定义已有140多种。在此，我们举例说明。

英国社会学家麦基文（Robert M. Maclver）在1917年发表的*Community: A Sociological Study*（《社区》）中指出，社区是由长期在某一地域生活的人们所自然形成的社会共同体。麦基文对社区研究的贡献主要有三点：

（1）赋予社区以地理学意蕴。麦基文主要是以人的活动地区来界定社区的。他把社区界定为“共同生活的任何区域”，农村、城镇是社区，城市、国家甚至更大的区域也是社区。

（2）比较分析了社区和社团的根本不同。麦基文比较了社区和社团在赋予我们身份上的根本不同，进一步强调了社区作为人类生命家园的重要意义。

（3）把社区和国家结合起来进行比较研究。麦基文指出社区是类似于国家的一种综合组织，比专门组织对人的成长具有更加全面的功能。

在当代社区的研究上，具有重要影响的著作是美国社会学家桑德斯（I. Sanders）于1958年出版的*Community*（《社区论》）。在桑德斯看来，社区不再是单面的而是多面的，社区性质不再是单维的而是多维的，社区至少有五种属性：地域性、人口性、体系性、冲突性、场域性。桑德斯的贡献，主要在于提出了界定社区发展的四种方法：第一，作为一种过程的社区发展，重在步骤与过程；第二，作为一种方法的社区发展，重在过程与目标；第三，作为一种方案的社区发展，重在方法与内容；第四，作为一种运动的社区发展，重在计划与动力。

与桑德斯的《社区论》差不多齐名的另一部著作是美国社会学家华伦（R. P. Warren）于 1963 年出版的 *The Community in America*（《美国社区》）。华伦总结了社区的六种基本类型：①地方性社区，包括农村社区、都市社区；②人的社区，主体是社区人口；③作为共享的制度和价值的社区，包含对文明和文化进化的考察；④作为互动的社区，主要是指社区行动；⑤作为一种权力分配的社区，包含对社区权力结构的分析；⑥作为一种社会体系的社区。

华伦分析了社区体系的沟通、边界维持、系统连接、社会化、社会控制和制度化等六个特征，并分析了社区的经济功能和教育功能。

乔纳森（Christien T. Jonassen）在《社区类型学》一文中表明，大部分学者同意社区含有以下因素：①人口的集中；②地域；③劳动分工的互赖体系；④具有文化和社会活动的特质；⑤归属感；⑥自我维持与发展。[①]

《国际社会科学百科全书》中对社区的定义是：①社区是居住于特定地区范围内的人口；②社区是以地域为界并具有整合功能的社区系统；③社区是具有地方性的自治自决的行动单位。[②]

世界卫生组织于 1974 年集合社区卫生护理界的专家，共同

---

① C. T. Jonassen. Community Typology. in Marvin B. Sassman. *Community Structure and Analysis*. New York: Thomas Y. Crowell Company, 1959. 转引自夏建中．现代西方城市社区研究的主要理论与方法．燕山大学学报（哲学社会科学版），2000（2）．

② D. L. 西尔斯．国际社会科学百科全书（第 3 版）．纽约：麦克米兰出版公司，自由出版社，1968.

界定适用于社区卫生的社区定义：“社区是指一固定的地理区域范围内的社会团体，其成员有着共同的兴趣，彼此认识且互相来往，行使社会功能，创造社会规范，形成特有的价值体系和社会福利事业。每个成员均经由家庭、近邻、社区而融入更大的社区。”

由此可见，形成社区的四个要素包括：

（1）人：社区由人组成。不论何种类型之社区，唯有人聚集与互动，方能满足彼此的需求。但多少人才能形成一个社区，目前并无定论。社区太大、人数过多，将使互动困难；但人数太少就一定不可能形成互惠互利与维持生活的团体。

（2）地方或地理疆界：以地理的范围来界定社区的疆界大小是一般人最能接受的对社区的界定。但是，并非所有的社区都有明确的地理划分。如果划分的区域不合适，将会对社区资料的收集造成一定的困难。

（3）社会互动：社区内居民由于生活所需产生互动，特别是互赖与竞争关系。如社区居民的食、衣、住、行、育、乐皆须与他人共同完成，相关的经济、交通、娱乐等系统即因此而形成。社区经由不同的社会系统发挥功能，满足居民生活需求，建立社区规范。

（4）社区认同：社区居民习惯以社区的名义与其他社区的居民沟通，并在自己的社区内互动。同时社区居民形成一种社区防卫系统，居民产生明确的“归属感”及“社区情结”。

以上国外学者和组织机构主要强调社区概念的三个要素：社会互动、地理区域和共同约束。而在中国，学者们对社区基本概念的界定也各有差别。台湾学者徐震认为，“社区是居住于某一地理区域，具有共同关系、社会互动及服务体系的一个人群”。刘视湘从社区心理学的角度把社区定义为：“社区是某一地域里个体和群体的集合，其成员在生活上、心理上、文化上有一定的相互关联和共同认识。”① 夏建中在对西方社区理论进行研究归纳的基础上，认为社区概念应该包括以下几个基本特征：①共同性，主要指共同的利益、共同的文化、共同的意识或价值观等；②非正式组织；③社区居民间的互动；④具有一些基本社会功能和一定规模；⑤具有地域性。②

综上所述，在对社区概念的众多理解和解释中，我们不难发现，中外学者们都倾向于将社区界定为“在一定地理区域内具有互动关系的人们所组成的社会生活共同体”。

2000 年，中国开始全面推进城市社区建设。国家民政部对社区作了如下定义：所谓社区，是指聚居在一定地域范围内的人们所组成的社会生活共同体。目前城市社区的范围，一般是指经过社区体制改革后作了规模调整的居民委员会辖区。这是中国在政府层面对社区定义所作的权威性解释。

2015 年，中共中央办公厅、国务院办公厅印发了《关于深入推进农村社区建设试点工作的指导意见》（中办发〔2015〕30号）。这是中央层面下发的第一个关于推进农村社区建设的政策文件，它肯定了农村社区建设试点工作的初步成效，指引了深化农村社区建设试点的基本方向。

当今中国正在大力推进城市社区建设和农村社区建设，以构建中国人的新型社会生活共同体为目标。如果说社区或共同体的本质特征是一定地域空间范围内共同的认同和归属，并由此形成了边界清晰的群体，那么，随着现代社会的日益分化及走向开放，尤其是现代信息技术和互联网的出现，社区或共同体的认同

① 刘视湘．社区心理学．北京：开明出版社，2013. 60.

② 夏建中．现代西方城市社区研究的主要理论与方法．燕山大学学报（哲学社会科学版），2000（2）．

及其边界逐渐模糊甚至瓦解，传统意义上的社区或共同体（以初级群体、村落、单位等为典型代表）将面临解体和转型。

在以下的章节中，笔者希望通过深入剖析“紫南现象”——由旧村庄向新型社区和幸福村居的成功转型之路，探讨在当代经济社会转型背景下中国新型社区和幸福村居的共同体意识及其培育路径，以及幸福村居作为新型社区的新理念和新实践，探讨和说明在现代社会开放背景和多元化价值观下新型生活共同体的重构之路。这里的重构，并不是回归到传统意义上的村落共同体，而是要推进现代意义上的新型社区共同体意识由应然状态向实然状态积极转变，探索共同体精神与现代社会民主法治精神相契合的中国新型社区和幸福村居的建设之路。

第三节　乡土中国和社区中国

经济领域变革的同时，带来了以乡土中国为特征的传统社会的解体和转型。

《乡土中国》是社会学家费孝通著述的一部研究中国基层传统社会——农村的作品。在《乡土中国》中，作者用通俗、简洁的语言对中国基层社会的主要特征进行了理论上的概述和分析，较为全面地展现了中国基层社会的面貌。费孝通用“乡土”概括中国的基层生活，认为中国乡土社会是差序格局，以个人为中心，向外衍生出一层层涟漪般的圈子来，最里面一层是家庭，然后是亲戚、朋友、社会，这些圈子也随个人能力的变化而变化，大小不定。然而以己为中心并非指自私，这个“己”也在随事态变化而改变：为家可以牺牲自己，为国可以牺牲家，为天下可以牺牲国。因而我们传统社会中的所有道德都是与私人联系起来时才发生关系的。乡土中国是一个“熟人的社会”、礼俗的社会。而西方社会是团体格局，一个家庭是小团体，一个党派就是大团体，他们以法律来维系，是一个“陌生人的社会”、法理的社会。

在中国，以乡土为特征的农村社会更接近于西方学者笔下传统社会中的共同体，一定村庄内的人们基于共同的信仰、情感，以共有传统、习俗和习惯作为规范，通过长期自然的、面对面的频繁交往，形成了一种守望相助、亲密友爱、富有人情味的生产生活共同体，我们称为“人民公社”或“生产大队”。而在城市社会，单位体制是中国在革命后社会的现代化进程中诞生出来的一种社会调控体系，在很长一段时期内，单位体制满足了中国重建社会政治秩序和推动现代化进程的双重需要。中国依靠单位这种组织形式完成了对各种要素的吸纳与统合，单位组织按照其级别高低以及职能与行业分布不同，被政党和行政力量分割成若干个平行林立的管制领域。由于单位制的长期存在，也以单位为基础形成了相对稳定的工作生活“共同体”：人们长期地在同一个单位工作，在同一个单位大院生活，大家共同遵守相同的单位规章制度，享受基本相同的福利待遇，在频繁的交往中逐渐形成共同的规范和情感。

传统社区的解构，是伴随着中国单位体制的解体出现的，计划经济体制造就了城市社会单位制和街居制。经济领域的变革、市场经济的推进，不仅提高了人口的流动性，加快了“熟人的社会”向“陌生人的社会”（费孝通，1981）的转变，同时也打破了原有的基于传统道德、亲密人情关系的社会交往方式，取而代之的是以等价交换为原则的利益交往方式，以及在法律和契约规定下对个人价值与利益的追求。

一种社会解体之后，就需要重建出另一种新的社会来。这就是乡土中国的解体和社区中国的崛起。

社区是城乡社会的基本构成单元，是一个个“小社会”和社会的缩影。社区的形成是社区建设的结果。因此，社区建设实质上是社会建设的一个方面。新型社区建设成为中国社会经济发展结构转型中的一个战略性问题。中国的社会经济结构正处于这样一个转型之中，面临着四个方面的挑战：一是知识经济的挑战。我们必须迎接这个挑战，否则与发达国家的差距将越来越大，从而影响到中华民族的生存与发展。二是全球一体化的挑战。我们要与国际全面接轨，不仅经济上要与国际接轨，社会生活上也要与国际接轨。三是可持续发展的挑战。过去我们的经济社会发展目标只是单纯追求经济增长，现在提出了以人为本的全面协调和可持续的科学发展观，以及创新发展、协调发展、开放发展、绿色发展、共享发展这五大发展理念。四是新型城镇化的挑战。以人为本的新型城镇化，需要不断加强和完善城乡社区建设，构建城乡新型生活共同体。

社区建设是指在党和政府的主导下，依靠社区力量，整合社区资源，强化社区功能，解决社区问题，构筑新型基层社区管理体制，提高社区成员的整体素质和生活质量，建设现代化文明和谐的新型社区的过程。其基本内容包括开展社区居民自治、构建社区治理体系、拓展社区服务体系、构建社区安全保障体系、繁荣社区文化、改善社区生态环境等。它与国外的社区发展运动有一定的相似性。社区建设的最终目标，就是要使社区变成城乡居民依法实行自我教育、自我服务、自我管理的具有自主性和能动性的新型社区。现代新型社区的形成必须具备两个前提条件：第一，重建社区居民共有生活空间，促进邻里间的交往和交流，强化邻里依存关系；第二，重建社区居民价值共识，凝聚全体社区居民，增强社区居民的社区认同感和社区归属感。这两点也是新型社区建设的基本任务。

正因为如此，党的十八届三中全会才提出“推进国家治理体系和治理能力现代化”的战略任务，并且要求统筹城乡社区建设，促进群众在城乡社区治理中依法自我管理、自我服务、自我教育、自我监督。这就需要我们深刻理解国家治理和社区治理的内在关系，科学把握社区治理的基本特征，积极推进社区治理和服务创新。

在当今中国治理体系中，社区治理具有基础性地位和作用。这主要是因为，一方面，社区是城乡的基本构成单元，我国城乡社区建设操作领域所界定的“社区”，大多是指居民委员会辖区和村民委员会辖区共同体，它们属于基层法定社区范畴，是现实社区的重要表现形式。正是这些现实社区的有机集合构成了当代中国这一生机勃勃的社会有机体，社区治理在整个国家治理体系中具有基础性的地位和作用。

另一方面，具有中国特色的新型社区建设肩负着构建中国新型社会生活共同体的历史使命。正式发端于20世纪90年代前期的新型社区建设，是经济转轨和社会转型的客观要求和必然产物。与此相一致，“单位人”向“社区人”“社会人”转变成为普遍现象，乃至出现了居民利益社区化趋势。例如，救助工作的社区化管理，使贫困阶层的利益诉求转向了社区；人口老龄化尤其是企业退休人员管理服务的社会化，使广大老年人的利益诉求转向了社区；住房商品化使广大业主的一部分利益诉求转向了房屋坐落的住宅小区及其社区物业服务管理机构；对成千上万的外来流动人口的服务管理，也需要依托社区来组织实施。

现代社会管理的主体不仅仅是政府组织，还包括社会组织和企业组织，其根本目标和出发点是建立一个开放、自由、民主、公正、平等、和谐的现代社会，促使每一个公民有充分的自由和权利来追求幸福。

十八大提出构建中国特色社会主义社会管理体系的重要战略思想，为新型社区建设提供了新的发展思路和目标。建设管理有序、服务完善、文明祥和的新型社区是构建社会主义和谐社会的重要内容和途径。无论是经济、政治、文化、社会方面的目标，还是生态环境方面的目标，都要落实到人民群众物质和文化生活的层面，而社区是由聚居在一定地域的人们组成的社会生活共同体，人民群众物质和文化生活水平的提高，离不开新型社区的建设。建设新型社区是社会再分配的重要途径，社会保障和就业工作，须逐步交给社区去完成。全面建设小康社会要求基层民主更加健全，这离不开社区居民自治。同时，促进人的全面发展，形成全民学习、终身学习的学习型社会，以及建设生态文明，也离不开新型社区的建设。

新型社区成为中国人的新型的社会生活共同体。在计划经济体制造就的单位制和街居制下，传统社区没有什么活力和凝聚力，社区工作对象除了居住在社区的老年人外，就是没有单位的居民，社区功能非常单一。而经济转轨、社会转型后的城市新型社区就不同了，除了原有的工作对象外，单位人逐渐演变成了社会人、社区人，流动人口、失业人员和离退休人员也已开始纳入社区管理范畴，因而，社区工作的总量大大增加，结构也越来越复杂。大量的社会管理、社会服务、社会保障的功能从政府和企事业单位中不断剥离出来，由社区承接，这就有力地增加了新型社区的功能，丰富和拓宽了新型社区建设的内涵，使新型社区从微观的层面承担起了造就大社会的重任，成了能协调和凝聚方方面面的中心和平台，构成了功能比较齐全的“社区中国”。

新型社区是构建和谐社会的基石。我国现在既处于经济快速发展的黄金期，又处于各类社会矛盾和社会问题的凸显期。社会转型必然会造成社会各阶层利益格局的变化和结构的变化。社会地位的下降会引起人们心理上的不平衡，收入的悬殊会使人们产生不满的情绪，工作的紧张会增加人们精神的压力，价值观念和生活方式的变化会给人们带来许多的不适应，人口流动频率的加快会使城市管理的难度越来越大，再加上突发的天灾人祸，所有这些影响社会稳定的因素虽然都反映在社会，但都发生在社区。所以，社区处在所有社会问题和社会矛盾的风口浪尖，社区只有防范好了，提前做好工作，才能最大限度地把各种问题消化在基层，才能够防患于未然。

新型社区是中国公民民主实践和增强公民公共责任意识的载体。社区居民自治，是加强基层民主建设的一种最好形式。社区居民通过民主选举、民主决策、民主管理和民主监督参与社区事务的直接管理，这是国家法律赋予居民的神圣不可侵犯的权利，也是社区事业兴旺发达的表现。居民社区参与是社区建设的第一原则，也是它的生命线。社区参与标志着居民既能分享社区利益，又能承担社区责任，标志着居民对社区的认同和关爱。实践证明，有活力、有创造力、有效率的、健康的社区，都是居民社区参与率相对比较高的社区。通过社区建设工作的不断推进，新型社区将成为基层民主自治的一个坚实的平台，成为居民从参与管理社区事务走向参与管理社会事务和国家事务的起点。

新型社区是构建学习型社会的重要载体。社区是城乡的细胞，是城乡发展的标志，是社会稳定的基石。每一个人除了工作以外，大部分时间都是在社区度过的。社区的人文环境、自然环境、民风民情、文明程度，对每个人的身心发展都产生着极其重要的作用。当前，世界上许多国家已越来越重视创建学习型社区和学习型城市，如新加坡、土耳其、澳大利亚等国都在积极地开展创建全新的学习型社区、学习型城市和学习型政府的活动。学习型社区把政府、企业、家庭和机关团体有机地联合起来，通过组织健康且丰富多彩的文化活动，帮助社区成员建立共同愿景、进行团队学习、改善“心智模式”和进行更系统的思考，提高社区居民的文化素质和文明素质，为社区发展注入新的活力，达到维护社会稳定和保障国民经济持续健康发展的目的。学习理念的转变，带来的将是人们思想观念的更新，“心智模式”的改善，有助于确立全新的发展理念，为整个城市社会的跨越式发展积蓄新的能量。

新型社区建设的目标是构建以“自治、共享、合作、参与、协调”为原则的城乡基层管理运作系统，即从传统的以居民户籍管理为主，转变为以居民居住地社区管理为主；从以条块分隔、条条为主，转变为以条块结合、块块为主；从以行政手段管理为主，转变为以社区居民依法自治、民主协商管理为主。因此，新型社区成为推进国家治理体系和治理能力现代化的重要载体。

我们这里提出的新型社区，是指在传统社区解构的过程中，依据法律法规、自然地理因素或心理情感因素建立起来的具有新自治能力、新治理结构、新服务体系、新安全观念、新文化理念和新生态功能的新型生活共同体。

社区是城乡的基本生活单元，是中国人的新型生活共同体。中国新型城镇化最终要解决的，就是构建一个居民自治、治理有序、服务完善、安全稳定、文化认同、生态优化的中国人的新型生活共同体。“21 世纪对世界影响最大的两件事，一是美国的高科技产业，二是中国的城镇化。”诺贝尔奖得主斯蒂格利茨曾经如此预言。而中国的城镇化率在 2012 年已达到 52.5%，拥有 7.12 亿人口，正对世界产生深刻而广泛的影响。中国的新型城镇化，正致力于积极推进城市和农村的新型社区建设，健全新型的社区管理和服务体制，把城乡社区真正建设成为居民自治、治理有序、服务完善、安全稳定、文化认同、生态优化的中国人的新型生活共同体。

具体来说，新型社区具有以下四个特征：

（1）新组织：重构政府与社区新型关系。

中国社会经济结构的转型必然要求重构政府与社区的关系。新型社区变革的推进有助于政府改革的推进。“小政府、大社会”，意味着政府管不了也不可能管到市民许多个人的事情，这并非说这些个人的事情不需要管，而是管的方式要改变，即从政府管转变到市民“自己管理自己”，还政于民，还社区于居民，通过居民社区参与来分担管理事务。也就是在城乡居住社区范围内建立一种新自治机制，这种机制体现为社区自组织体制，许多社会问题和社会矛盾都消化在基层社区的萌芽状态中。

社区自组织是指除公域组织（政府）、私域组织（企业）之外的第三域组织。走向社区自组织参与，意味着政府如果要实现其城乡基层管理的目标，必须和社区的各种组织特别是强调自主自理的第三域组织相互信任、相互支持、相互合作。社区自组织参与的理念，要求政府在每一件社区公共事务上都能与社区公众保持良好的合作关系。根据社区目前的综合实力，走向社区自组织参与，核心是构建新型社区自组织体制，提高市民的新自治能力，让社区成为居民实现自治的活动舞台，使不同职业、不同利益、不同角色的社会人群得到新的整合，形成对社区公共利益和共同价值的自觉认同，形成具有精神认同感和归属感的社会有机“共同体”。

新型社区建设的实质，是深刻的制度创新和体制创新。要培育社区居民的新自治能力、构筑新型社区自组织体制，必须在制度创新和体制创新的基础上，把培育社区自治与优化政府管理结合起来，既把新型社区作为培育社区自治的平台，又将其作为实现政府管理重心下沉的平台，探索政府依法行政与社区依法自治相结合的运作机制，在体制和过程上形成政府专业服务系统与社区自我服务系统互动的活力。政府与社区的互动，所带来的最终成效是，政府在社区居民中的威信得到提高，社区自治得到发展，居民得到更好的服务，辖区内单位得到实惠，政府与社区、社区与居民实现“双赢”。

社区自组织体制包括纵横两个向度的社区重构和社区整合：一是从纵向方面，即在原来的行政、社会合一的城市基层行政区体系的基础上，突破基层行政区在社区管理体制方面的种种限制，做到“责、权、利”全面到位，改变城乡基层行政管理旧体制与现代社区管理社会化趋势不相适应的状况；二是从横向方面，即理顺地方政府与社区内各种社会组织成员的关系，形成一种具有主体性、自治性的民间社会、市民社会，让社区居民和社区自组织充分参与社区管理体制建设，从而在更大的范围内构建规模不同、形态各异、功能明确的社区自组织参与新模式。新型社区自组织体制可以考虑由三个层次构成：

第一个层次是社区建设（规划）委员会。这是在中观社区（地方政府一级管辖的地区）层面创建一个网络联盟和共建组织，它的主要职能为：①统筹规划，即对每个社区以及社区与社区之间的社区发展和社区管理作出统一规划，确定整个地区范围内社区建设与社区发展的近期、中期和远期目标与任务；②组织协调，即根据规定的目标和任务，利用有效的机制和方法，寻找并落实管理任务的执行者，调节中观社区层面内各社区组织关系，配合社区体制建设工作的正常实施；③监督调控，即以管理职责为依据，对社区管理的情况进行检查和监督，使之符合社区体制建设的目标和要求。

第二个层次是社区管理委员会。这是在微观社区（经过社区体制改革后作了规模调整的居民委员会和村民委员会辖区）层面创建一个具有网络结构的社会复合组织、管理组织和协调组织，它的职责和定位是社区建设和社区发展的组织者、社区居民利益的保护者以及社区多方利益的协调者。从成员构成上看，社区管理委员会是一种联盟和网络组织，它由社区居委会、业主委员会、物业管理公司、开发商、居民代表、辖区单位、政府职能部门组成。其职责是协调社区内各方管理者的职权范围和利益关系，让社区各方管理者建立起组织联系，相互配合，使其各司其职，以便在社区层面上形成合力，统一管理，实现社区公共事业的目标。

第三个层次是社区社会组织和专业服务组织。它接受社区管理委员会的指导，组织社区居民开展各种丰富多彩的有益活动，代表居民直接参与社区管理和社会事务。社区居委会作为社区自治主体组织，其议事层由全体社区成员选举产生，实行兼职制，行使社区民主议事和民主监督的职能。社区居委会的执行层，即社区居委会的专职工作人员通过公开招聘产生，实行专职制，负责社区具体公共事务的管理。业主委员会，是一个由物业管理区域内的业主代表组成，代表业主的利益，向社会各方反映业主的意愿和要求，并监督物业管理公司管理运作的社区民间组织。物业管理公司属专业服务组织范畴，主要是提供面向全体社区居民和不同人群的各种社区管理的专业化、社会化系列服务。

（2）新公民：社区人——社区公民新主体的培育和成长。

所谓社区自组织体制，实际是让社区来解决居民日常生活中出现的问题。根据社区目前的综合实力，社区自组织体制的首要任务是要动员更多的社会力量，进而组织广大社区居民参与社区生活的自理，让越来越多的居民自己来协调和管理他们在社区里的各种关系，从而在社区内创建一个适应于中国社会经济结构转型、贴近居民具体生活和满足居民日常需求的中国基层社会新治理体系。它的完善过程将是社区居民共同建设一个守望相助、尊老护幼、知礼立德的文化共同体的过程，也是共同缔造一个和睦成风、安居乐业、其乐融融的美好生态人居环境的过程。这一过程也是社区人——社区公民新主体的培育和成长过程。

社区自组织体制是社区人——社区公民成长的土壤。一个现代化的文明社会，其最本质特征，既不是它有多么丰富的物质文明，也不是它有多么高超的技术文明，而是它有非常了不起的人文精神和社会政治文明，其中最显著的标志——公民精神、公民权利的实现成为整个社会的第一要义。这样的社会，实现了从市民社会到公民社会的转变，社会从身份崇拜过渡到价值尊重，从权力时代过渡到权利时代，个人则从传统的单位人变成现代社区人和社会人，国家管理的目标则由传统的为某种社会的“中心任务”服务转到为现代社会的具体的每一个公民个人服务。

社区人——社区公民新主体的核心精神包括：

第一，自治精神。自治精神就是强调社区公民“自己管理自己”，社区公民拥有自由选举权和言论自由权，政府还政于民、放权于民，居民通过社区参与来分担社会管理事务。通过加强社区自治组织建设，坚持扩大民主、居民自治的原则，积极推进社区居民委员会和社区业主委员会依法实行民主选举工作，将社区居民委员会直接选举的范围扩大，作为基层民主进一步发展的标志，引导社区公民广泛参与社区公共事务，落实社区居民对社区公共事务包括物业管理的知情权、管理权、决策权、监督权，逐步实现社区居民自我管理、自我教育、自我服务、自我监督，提高社区自治管理水平。

第二，共享精神。费孝通曾在对社区的解释中指出：“社区，它的含义中一个重要的部分，就是‘共同的’‘一起的’‘共享的’，就是一群人有共同的感受，有共同关心的事情，也常常有共同的命运。”[①] 共享精神是指社区公民不仅是社区建设的利益主体（或者说社区利益共同体），同时也是社区建设的精神共同体，他们共同享有社区发展的丰硕成果。这种共享精神理念使社区公民成为真正的社区利益共同体和精神共同体，他们在社区建设和社区参与中作为决策主体、执行主体、创造主体、利益主体和精神主体，同时又共同承担社区建设和社区参与中的风险。共享精神使社区公民具有荣誉感、认同感和归属感，激励社区公民更积极主动自觉地投身于社区参与和社区建设，并形成社区发展的良性循环机制。

第三，合作精神。公民社会理论的核心观念是指在国家控制范围之外的社会生活领域存在着一个有别于国家又独立于国家的公共空间，在这个公共空间中存在着众多的以自愿和合作为目的结合起来的社区自组织，并构成一个水平式互动的网络结构。社区自组织也叫非政府组织，或第三部门，是成熟的现代公民社会的基础。当前我国的非政府组织力量还非常弱小，社区参与的动员和组织能力极其有限。公民社会中的社区自组织服务于公民和社会的途径，一是通过构建社区自组织，提高公民的新自治能力，使不同职业、不同利益、不同角色的社会人群得到新的整合，形成对社区公共利益和社区共同价值的自觉认同，形成具有精神归属感的社会有机“共同体”；二是通过训练公民个人并构建社会团体组织网络，约束放肆的个人主义并培养合作精神。公民社会理论的重点在于政治领域之外的社会领域，强调制约国家权力、保护个人的自由和权利，强调培养公民之间的合作互助精神。这种合作互助精神又要以平等精神为前提。因为人们无论何种职业、收入多少、官职高低，在社区中的身份都是居民，大家对社区公共事务都有平等的权利与义务。社区公共事务理应由居

① 费孝通．居民自治：中国城市社区建设的新目标．江海学刊，2002（3）．

民群众在平等协商的基础上自我处理和解决。在社区中，不仅居民和居民之间的关系是平等的，即便是居民自治组织和政府部门之间也不是行政隶属的上下级关系，而应该是一种平等的民主协商对话关系。

社区人——社区公民这一新主体，通过倡导社区公民参与社会行动、进行社会互动，培育社区公民的自治精神、共享精神、合作精神，最终实现人与社会的互动、人与人的和谐、国家与社会的双向发展、市民社会向公民社会的过渡。

（3）新文化：以文化共同体为目标的社区文化建设。

文化是一种包含着精神价值和生活方式的精神共同体。以构建居住地新治理体系和新服务体系为核心的新型社区，从本质上讲是一种新文化建设。不管人们的自觉程度如何，我们事实上是在建设一种新文化——社区文化。就目标而言，这种社区文化是植根于历史文化传统，反映时代进步精神，具有城乡新型社区特点的先进文化，是一种综合反映城乡社区历史人文特点和现代文明程度的先进文化。只有从文化共同体的创新意义上认识和把握新型社区建设，才能准确地确定新型社区建设的目标和发展方向，完整地把握新型社区建设的精神实质和精神内涵。

以文化共同体为目标的社区文化建设，其社区融合和文化创新功能主要表现在以下几个方面：

第一，提高社区人的素质，促进社区的全面发展。社区通过社区文化活动等一系列的活动，起到陶冶人、锤炼人的作用。在实践中，我们发现，一个社区的文化活动越丰富、越有特色，社区居民参与越主动、越广泛，与其他的一般社区相比较，这个社区的整体文明水准就越高，这个社区的人的道德文化素质和全面发展程度就越高。人的素质提高综合了思想道德素质、科学文化素质、心理情感素质、身体健康素质等诸多方面的提高，而所有这些方面都同社区文化建设的内容相关联。

第二，优化社区人际关系。社区文化的实践有利于形成一种和睦、融洽、安宁的共同体气氛，良好的社区人文环境是建立在相同品位、相同社会地位之上的和睦的社区人际关系，邻里之间守望相助、和谐友爱、健康向上，现代人由此可以从现代社会普遍存在的压抑感和不安全感中解放出来，社区文化建设有助于这样一种和谐的邻里关系的形成。

第三，满足社区人的情感和精神需求。随着城乡居民物质生活水平的提高，人们对精神生活有了更高的需求，而社区文化恰恰在很大程度上满足了人们对情感和精神生活的需求，社区为他们提供了场地和空间。社区居民在紧张繁忙的一天工作中会感到精神倦怠、身体疲劳。投入到新社区文化之中，社区文化将为他们提供一个轻松、愉快和舒适的环境和空间，使他们从精神劳累和精神压力中解脱出来，得到精神上的满足和享受。

第四，培育社区共有精神和价值共识。社区文化的核心就是社区共同价值观和价值共识的培育和创新。我们的社区要有凝聚力、号召力，必须发现和培育社区的共同价值观和价值共识。社区的共同价值观和价值共识，也就是社区居民共同追求的意愿，是对社区的某些事物、共同关心的事情，对我们自身的前途、自身的命运的一些共同的认知、共同的判断、共同的选择。有共同意愿才能增强社区成员的认同感和归属感。因此，必须努力提高居民社区参与意识，倡导社区的公共合作和互助志愿精神，促使居民积极参与社区的公共事务，提高社区的自我管理能力，进而提高全社会的文明程度。

以社区文化概念为导向的新型社区建设，其发展新思路要体现“三大文化主题”建设：

第一，建设以环境为标识的新居住生态文化。以环境为标识的生态文化，体现在为居民创造、提供一个天蓝、地绿、空气新鲜的社区友好环境，切实提高社区居民的居住生活质量，实现人与自然的高度和谐统一。

第二，建设以制度化服务为特色的新居住行为文化。以制度化服务为特色的行为文化，包括提供便利居家生活的数字化生活方式、建立保障居家安全的安全防范体系、形成体现人文关怀的专业化社区管理服务理念，以及形成体现家园意识的社区公众参与行为。

第三，建设以终身学习为导向的新居住精神文化。以终身学习为导向的精神文化，旨在开展形式多样的思想道德教育和科学文化教育活动，培养居民良好的核心价值观和道德精神风貌，倡导学习科学文化知识，促进居民身心的全面和谐发展。

（4）新管理：社区管理服务专业化、社会化。

新型社区建设，需要社区管理服务专业化、社会化。城市社区之所以叫新型社区，在很大程度上是因为中国的居住产权结构发生了变化。20 世纪 90 年代以来中国致力于大力推进城市房屋产权的改革，今天的中国新型社区的形成其实是居住产权变化的结果，可以说居住产权的变革正在改变中国的社会深层结构，居住的变革正在全方位地、多层面地、深刻而广泛地影响着中国文化的变迁和社会的进步。在很短的几十年时间里，中国居民拥有住房产权的比例发生了根本性的变化，现在中国城乡里多数居民拥有产权属于自己的住房，在这种新情况下，新型社区结构也是产权结构变化的结果。并且，从社会群体的角度看，新型社区是相对于一个社会的中产市民阶层而言的，中产市民阶层是中国城乡新型社区形成和发展的必要社会条件。

中国从 20 世纪 80 年代出现物业管理这一新生事物以来，已经历了 30 年的发展历程。如何为城乡新型社区居民创造安居乐业的美好家园，如何从规划设计和制度安排上适应这个城乡新型社区管理体制的变化，是城乡新型社区建设需要深入研究的新课题。

新型社区的管理服务，由专业物业公司提供，物业公司以市场化、社会化方式运营，为社区业主提供专业化、精致化、社会化的管理服务，居民委员会的管理职能也逐步转变，社区全体成员（业主委员会、开发商、物业管理公司和居委会）能更加相互依存、和睦共处。

第一，物业管理行业要在构建城乡新型社区过程中发挥服务、协调、引导的作用。在和谐社会建设中，如何构建城乡新型社区成为一个重要课题，成为和谐社会建设的一个有机组成部分。在和谐新型社区的建设过程中，物业管理行业不仅应该而且能够发挥引领作用，这就要求物业管理企业在为业主和使用者做好服务的同时，加大“社区是我家，建设靠大家”的主题宣传、协调力度，引导社区向“和谐共处、共同进步”发展。这种作用的发挥，不仅能为物业管理行业自身的发展提供广阔空间，而且必将有力地促进整个社会的和谐和进步。但更重要的是，身为构建城乡新型社区管理服务引导者和推动者的物业管理企业，首先应该提高自身对“和谐社会、和谐社区”的认识和增强服务于社区业主和使用者、服务于社区、服务于社会的强烈责任感，以构建“和谐社区、幸福社区”为始，以打造“和谐社会”为终，为城乡新型社区管理提供专业化、社会化服务保障。

第二，增强社区居民的“社区公民”观念和意识。社区居民是城乡新型社区的主体，也是城乡现代文明的建设者，社区居民素质的高低对城乡现代文明程度的高低具有决定性作用。新型社区建设是一项宏大的系统工程，需要全体居民的参与才能取得成功。应当通过立法和加大宣传的力度，把文化道德风尚、社区安全构建、优化生态环境、全民服务等有机地结合起来，提高广大人民群众对物业管理行业的认识，使他们从心底里感受到社区就是自己的理想家园，从而关心和配合物业管理，以主人翁的态度参与社区管理，齐抓共管，形成“群策群力、共居一地、共保安宁、共建文明”的时代新风尚。

第三，建设“社区共生、天人合一”的生态新居住区。市场的开放和经济的发展，必然使人们的生活水平产生从量到质的飞跃。人们向往“社区共生、天人合一”的居住环境，关注的是居住质量，追求的是高品位的生活。因此，新世纪的社区人居建设，应当把“社区共生”和“以人为本”的服务理念贯穿到社区规划、社区建设和社区物业管理的全过程、全产业链条中，只有这样才能营造出“社区共生、天人合一”的生态新居住环境。

提起“狮城”新加坡，人人都知道这是一个美丽的花园城市。那里环境清洁优美，到处绿树葱茏、鲜花点缀，法律政纪严明，管理井然有序，工作生活便捷，处处体现严格的管理制度，社会安定文明……新加坡之所以能够具有良好的城市形象，拥有较高的世界信誉度和美誉度，离不开其高水准的专业化、社会化社区管理和服务。一个社区就是一个城市整体的缩影。我们有理由相信，伴随着政府对物业管理市场的培育和社区公民意识的树立，城乡新旧居住区全面推行社区物业管理，并把“社区共生”和“以人为本”理念贯穿到社区物业管理的全过程之中，将使我们的城乡社区营造出人与自然、人与社会、人与人和谐共处、共同进步的新景象。

第四节 紫南村

——由旧村庄向新型社区的成功转型

八年时间，紫南村的村容村貌发生了翻天覆地的变化。紫南村由旧村庄向新型社区的成功转型体现在“六个新”上：

（1）新组织：建设学习型基层党组织，强化基层党组织的领导核心和战斗堡垒作用。

紫南村党支部在2007年11月重新组建，于2015年升格为党委。现有党员171人，占紫南村常住人口的2.8%。党支部6名委员中，女性委员1人，大专以上文化程度的委员3人，支部班子结构合理，综合素质较高。

过去的紫南村，积累矛盾多，村民怨气大，是远近闻名的“上访村”。村“两委”工作处于半瘫痪状态。新的村党支部组成后，紫南村从调查研究入手，通过学习统一思想，用新思维、新方法解决老问题，推动大发展，紫南村面貌发生了巨大变化，紫南村也在工作实践中建设了一支政治坚定、勤于学习、勇于实践、具有开拓创新精神和战斗力的党员队伍，增强了党支部在村民自治中的影响力、凝聚力和核心领导地位。紫南村党支部也因此获得“广东省创先争优‘南粤先锋’先进基层党组织”荣誉称号。

善于学习是紫南村党支部的优良传统和政治优势，不断学习是紫南村党支部不断取得进步的重要法宝。党的新农村建设离不开学习型的基层党组织和有知识的创新型党员。紫南村党支部在学习实践中认识到，要使党支部真正成为党全部工作和战斗力的基础，成为落实党的路线方针政策和完成各项工作任务的战斗堡垒，在理论层面，党员应通过学习提升素质、突破自我，培养自己全新的、开放的、前瞻的思维方式；在实践层面，党员要善于学习和转换知识，借此完善、纠正行为，提高工作的洞察力和执行力。学习型基层党支部应该是一个能够促进全体党员自觉学习，并借助新知识、新思维应对工作实践，适应现实环境变化，推动各项工作不断发展的具有永久性创新活力的党支部。

因此，紫南村党支部在建设学习型基层党组织工作中，坚持把加强党的建设、深化理论摆在首位，以推动各项工作发展为目的，顺应时代发展和形势变化，不断提高组织引导水平、创新学习方法。

第一，树榜样，领导带头，做勤于学习、善于学习的榜样。在建设学习型基层党支部工作中，紫南村党支部要求支部成员带头学。2007 年 11 月，新的党支部组建后，潘柱升书记亲自抓全村党员干部的理论学习，并带头学习。在十八大召开当天，潘柱升书记亲自组织党员、村民代表，通过远程教育平台，学习十八大报告，还先后在《紫南之窗》《新华党建》等报刊上发表《做一个新时期群众信赖的合格党员》等理论学习文章。为切实引导党员更新学习理念、提高学习能力，在村党支部主持的专题辅导和学习交流会上，潘柱升书记向党员和村民代表先后十多次主讲了“要以高度的眼光、深度的服务，充分彰显村委会引领作用”“让科学发展的成果惠及于民”等专题报告。在党支部的带领下，紫南村已建立起较完善的学习机制，学习成为每个党员的自觉行动。

第二，做解放思想、创新思维的榜样。基层党组织应该学以致用、学用相长，帮助党员开阔视野、解放思想、创新思维。紫南村党支部在学习实践中，向全村党员干部提出“三个一点”论，即“能让人学一点”，领导干部的人格魅力、综合素质要成为榜样；“让人得一点”，领导干部的工作能给百姓带来实实在在的利益；“给人多承担一点”，领导干部要多干活、多担责，有宽阔的胸怀和气度。同时注重培养干部的“非权力影响力”，让干部通过自身人格力量而非行政权力去影响群众，赢得群众的信任。这种“纯力量”比行政权力更具影响，更有利于推动新农村建设。这种人格力量需要后天的不断学习、不断修炼，因此，培养“非权力影响力”就转化为党员干部主动学习、提升人格魅力的自觉行动。

第三，搭平台，创新载体。创建学习型党组织，必须创新学习载体，营造浓郁的学习氛围，激发学习自觉性。紫南村党支部从工作特点和工作实际出发，大胆进行观念、机制和学习形式的创新，探索出“一听一读一看一写”全方位的学习模式，有效推动了学习进程，取得了显著的学习效果。

一是定期举办支部学习活动。2008 年至今，村党支部共举办各类学习班 30 多期，内容包括专家讲座、业务培训、学习研讨等。其中“科学发展观与经济可持续发展”“城市化进程带来生活方式转变”等报告会，紧贴紫南村的经济、民生、村务等工作实际，收到了良好效果。

二是开展读书活动。村党支部不定期为党员推介学习书目，购买学习书籍，举办读书交流活动。《中国梦学习读本》《十八大报告学习辅导百问》《划清“四个重大界限”学习读本》《幸福的方法》等书籍，帮助党员干部学到了新知识、新信息、新理念。

三是走出去开阔眼界。近几年，村党支部先后组织党员、村民代表到贵州、北京、深圳、武汉等省市参观学习，还赴金盈·绿岛国际中心、兄弟村居参观学习，借鉴学习先进经验，开拓发展创新思路。通过走出去学习，许多党员和村民代表对紫南村的发展理念和发展规划提出了好的建议和意见。

（图片来源：紫南村委会）

四是创办报纸《紫南之窗》（于2014年9月升级改版为《紫南报》）。《紫南之窗》是南庄镇第一份村报，2008年创办，每月一期，每期发行3 800份，免费派发到全村家家户户、各个厂企以及镇政府各职能部门。《紫南之窗》专门开辟了学习专栏，群众和党员在这个平台上交流学习心得，发表学习体会。村报成为紫南村精神文明建设的阵地和干群交流的平台。

第四，重实践，突出特色。在建设学习型基层党组织过程中，紫南村党支部以“武装头脑、指导实践、推动工作”为目的，坚持学以致用、用以促学、学用相长，通过学习和工作实践的有机结合，把学习成果转化为工作的实际行动。例如，紫南村党支部把党的理论、党的政策作为基础课；把科技新知识、新信息作为选修课；把工作实际中需要的知识、技术、方法当作必修课，提倡工作、学习一体化，从而有效地避免了学习的简单化、形式化。在紫南村“两委”近几年的医改、股改、村政等创新型工作中，由于紫南村党支部注重了学习的针对性、实用性，不仅没有引发矛盾，而且得到了村民的支持和拥护，推动了工作的开展。

在学习的形式上，紫南村党支部追求“型”而反对“形”，按照对象、内容不同，分别采用不同的学习载体和考核办法，不拘泥于形式，而强调学习效果，注重形成机制和制度保障，从而解决了学什么和怎么学的学习困惑。

第五，建阵地，加强教育。紫南村党支部在细化南庄镇印发的《关于发挥农村“两新”组织联合党支部作为农村党组织教育管理党员辅助阵地的意见》的基础上，明确建立起“两新”组织联合党支部作为紫南村党支部教育管理党员的辅助阵地，解决了高校返乡和退伍返乡党员的教育管理、学习问题。

紫南村党支部根据回迁党员的情况，制定了专门的党员教育措施，由村党支部书记、副书记作为“两新”组织联合党支部党员教育的专职顾问，定期为党员授课。除“两新”组织联合党支部组织生活及相关会议外，每月定期由村书记、副书记给回迁党员上课、作辅助教育，从村的情况、党的知识、党员职责等方面对党员进行党性教育，并对党员学习内容作定期考核，改变党员被动受教育的形式，全面提升回迁党员素质。顾问授课和党员主动学习等教育方法，提升了党员教育效果，基本解决了党员受教育的问题。

学习型党组织建设给紫南村带来的三大变化：

一是实现了社会管理平稳有序。近年来，紫南村先后处理了集团公司和村小组之间的土地权属问题，村小组和村小组间的宅基地、村道地界归属问题，出嫁女及特殊人群股权问题等一系列关系民生的历史问题。2007 年以前的“上访村”，从 2008 年至今，区级以上上访为零。

二是推动了基础设施建设，环境美化实现跨越式发展。近几年，紫南村每年投入不少于 1 000 万元改善基础设施、绿化环境，各自然村均建成集文化、休闲、娱乐等功能于一体的公园，新增绿化面积6万多平方米。建成水管道60公里，标准智能公厕24所，购买垃圾车和垃圾桶，成立紫南市政管理处，使紫南环境发生了翻天覆地的变化。此外，还建立了完善的养老、教育、医疗等社会保障体系，建成紫南行政服务中心、社区卫生服务中心和紫南幼儿园。与南庄医院合作推出二次门诊报销，村民看病只需付4元挂号费，便可实现药费全免，紫南村民实现了老有所养、幼有所教、病有所医，生态环境、基础设施也实现了大跨越。

三是实现了村经济规模的扩张增收。近几年来，紫南举全村之力，投资近1.2亿元兴建了8万多平方米的紫南商贸城、紫南员工村和紫南美食城；引入了易运物流基地、桃园一品食府、新叙福酒楼、永利酒店、马来西亚尼罗陶瓷、风云羽毛球训练基地、卓越年华家具展馆、绿康医院等，村经济总收入逐年增长，从2007年930万元的合同总收入攀升到2014年的7 200多万元。

习近平总书记号召全党要大兴学习之风，为紫南村党支部深入推进学习型党组织建设提供了根本遵循。基层学习型党组织、学习型领导班子建设，只有“进行时”，没有“完成时”。紫南村党支部始终把深入学习贯彻党的十八大精神和习近平总书记重要讲话精神作为首要任务，围绕领导干部学习、普通党员干部学习、完善制度机制、创新学习方式等加强学习型基层党组织建设，强化基层党组织的领导核心和战斗堡垒作用。

（2）新规划：合理利用好社区土地空间资源，向集约型产业和工业园区转型。

自2008年以来，紫南村发生了翻天覆地的变化。通过出租土地、大搞商业建设，积极盘活现有土地；配合上级政府征地，发挥留用地商业力量，开发土地价值，积聚人气、吸引商家，壮大紫南经济。紫南村创造了连续多年高速增长的经济奇迹，其最深刻的动因源于土地，最强大的支撑来自土地空间集约利用，向集约型产业和工业园区转型。

但是，在村集体经济迅猛增长的同时，紫南人却始终未能撇下挥之不去的痛：村内土地盘活率相当低，村土地使用形式仍延续着数十年前的旧有传统，以家庭承包小规模、低效益耕种养殖为主，粗放的耕种养殖带来日益严重的环境污染问题，影响村容村貌，更影响村民身体健康；部分征地拆迁工作推进困难，个别村民大局意识淡薄，忽视长远利益，对征地工作阻力巨大，人为制造不稳定因素；通过多种政策吸引到的工业、现代化服务业项目，却遭遇无土地可用可开发的尴尬局面；商业项目占比太低，商业氛围难以营造、人气难以集聚，集体经济发展遇瓶颈。

造成这些尴尬局面的根本原因，集中指向的始终是村民赖以生存的生命线——土地。极少数村民固执地认为：世代的生存资本，将会通过“征地”这一方式被彻底剥夺，子孙将失去唯一的保障。

而过去人多地少、人均分红“包尾”的现实，迫切要求紫南村通过千方百计提高存量土地的利用价值，利用现代化商业模式和营造系列商圈，提高现有土地的经济效益，只有这样才能从根本上扭转人均收入倒数于南庄镇其他兄弟村的尴尬局面。囿于粗放型经济增长的模式，固守以往的浅耕粗养、家庭小作坊式小田地小鱼塘生产，永远无法使紫南人走上幸福富裕的道路，反而只能付出更巨大的资源和环境代价，并且再次错失一个又一个已经错失过的发展机遇。

土地是民生之本、发展之基、财富之源。当前，土地要素已成为制约各地经济发展的一大瓶颈，紫南村也存在着一些项目因用地限制无法落地的情况。如果紫南村不配合政府征地，村里就无法用提留的土地来引进项目，何来谈发展、谈分红、谈福利！打个比方，假如紫南村有 5 000 亩土地，如不配合政府征地，紫南村的土地就只能是农用地，把这5 000亩全部用来养鱼、种植，按每亩每年2 000元的收入计算，一年的收入只有1 000万元。而这1 000万元也只能够维持村委会的正常运转，更不要谈村民福利、分红了。根据“征七留三”的原则，上级征用土地比例为70%，紫南村留成土地30%，5 000亩农用地紫南村可留成1 500亩，其他用来招商引资。只有配合政府合理地征用土地，借此改变留用地的性质，才能引进大项目，实现挖掘低效利用土地、优化用地布局、保障服务业用地需求、促进产业转型升级的目标，才能让紫南的土地不断升值，以此来带动整个紫南的经济发展。

同时，紫南村争取到上级政府各种征地优惠政策，使村民们获得医疗、教育、卫生、环境、养老等各方面的福利。其中包括：由政府负责留用地用地手续、土地证办理及支付费用（每亩约9万元）；给予紫南村留用地每年每亩2万元的补贴，连续补三年；给予紫南村农业经济损失补贴1 500多万元；为紫南村符合资格的村民，购买全征土地农村居民养老保险；给予紫南村文明建设、校园建设扶助等补助。

因此，只有树立和落实科学发展观，从落实土地利用总体规划入手，充分利用紫南村得天独厚的区域优势和大存量的土地资源，积极配合上级政府的安排，坚持开源与节流并举，实行盘活土地挤项目，集约用地增项目，抢抓机遇谋项目，才能突破项目建设用地的“瓶颈”。这不仅保障了政府确认的重点急需项目用地，还能利用其较高的产业关联度和较强的辐射带动力，向集约型产业和工业园区转型。

（3）新管理：实施专业化、社会化社区管理和服务，构筑安全共同体。

近年来，紫南村不断完善村内治安配套设施，投入300多万元建成两个平安大社区、十个安全小区，并在各自然村出入口、员工村、厂企共设置300多个监控摄像头，积极构建平安紫南。

2009年7月，紫南村投入2 000多万元，兴建了高规格的紫南员工村一期。目前，员工村的出租率已达到100%，而且还供不应求。2012年，紫南商贸城二期公寓投入使用。公寓位于紫南员工村与紫南美食城之间，与一期公寓连通，共6座600多套单位，户型有28平方米的套房和59平方米的两房一厅等多户型单位。员工村的建设，既为在紫南的外来务工人员提供了集中居住生活的地方，让他们更安心地工作，避免出现因分散、杂居导致的治安管理难题，同时也对紫南商贸城的消费起到了很大的推动作用，土地的价值也得以大幅度提升。

为了更好地加强对外来流动人员的管理，2010年4月底，紫南村出台了《紫南村流动人口和出租屋管理暂行规定》，使紫南的出租屋从无序管理过渡到有序管理；对员工村采用了ID卡智能化管理、24小时视频监控以及安排保安值班等措施，有效地杜绝了外来人员中的不法分子作案。另外，对各自然村内的出租屋和流动人口均加大了管理力度，勤走访、多巡查。现在，辖区内暂住人员的登记率达到100%。对出租屋和流动人口进行有效管理，有力地控制了出租屋内违法案件的发生，大大改善了各自然村的治安环境，为发展中的紫南创造了一个和谐稳定的社会环境。

最值得一提的是，2012年底，紫南村实施“全村大围蔽”，建成了十个安全小区，实行封闭式专业化社区管理，同时在主干道和各小区主要出入口均设置铁闸门和视频监控设备，辖区村民均要使用行人按钮和遥控出入，村内盗窃案发生率因此大幅下降。此外，还增加七部村际电瓶车，白天免费供村民使用，夜间供保安队伍治安巡逻。

为了应对日益严峻的社会治安形势，紫南村在发展经济的同时，加强治安队伍建设，增加治安队员人数，配置治安巡逻装备。为了更快、更准确地掌握治安动态，提高打击违法犯罪行为的力度，村委会加大资金投入，在紫南商贸城等路段和一些重要位置加装高清晰视频监控系统，大大提高了视频监控在紫南的覆盖率。为了使这些技防设施真正地发挥作用，紫南村实行 24 小时全天监控，并且每半小时用呼叫机呼叫巡逻队员一次，以随时保持联系并处于戒备状态。只要发现哪里有风吹草动，监控室就会在第一时间通知巡逻队员实行拦截和抓捕。

实践证明，实行封闭式专业化管理比实行开放式管理更加科学、合理，有效整合社区治安防范资源后的紫南治安状况明显好转。同时，紫南村通过创新社区管理模式、提高辖区内的治安水平，增强了群众的安全感。

同时，紫南村健全并落实好值班制度、情况报告制度、工作人员培训制度，明确规定了工作人员的上班时间和值班纪律，以及值班期间的工作职责，工作人员必须把当班时间内所发生的情况和存在的问题记录在案；换班时，工作人员必须把正在发生的事情以及接下来还需要做的事项，详细告知接班者；如果出现特殊情况，必须在事件趋于稳定后才可离开岗位。紫南村充分发挥视频监控系统“事前防范、事中监控、事后取证”的效能，不仅为破案提供了强有力的线索和证据，还增强了村民生活出行的安全感。

为了保障村民的生命和财产安全，紫南还成立了一支村级义务消防队。虽然是义务消防队员，但他们的日常训练和制度都很严格。村内 24 小时都有消防人员值班，无论何时何地发生火灾，接报后都能保证有十名以上队员及时赶赴火灾现场，将村内火灾带来的损失降至最低。

2014 年，紫南村的盗窃等违法案件发生率大大降低，是全区公认的治安最好、最安全的新农村。紫南人做梦也没有想到，有一天，自己也可以像城里人一样住进封闭的居住小区。村民纷纷表示，治安好了之后，心里踏实了许多，连睡觉都香了。

（4）新产业：由农业向第三产业和幸福导向型产业转型。

传统旧村庄的产业经济形态以农业为主，是人类产业经济发展形态中的一种低级形态。紫南村原来的产业经济是以家庭承包小规模、低效益耕种养殖为主，粗放的耕种养殖带来日益严重的环境污染问题，影响村容村貌，更影响村民身体健康。

由农业向第三产业和幸福导向型产业转型成为紫南村的产业转型升级目标和方向。2008 年，紫南村在村民的争议声中，投资 4 300 万元新建了紫南商贸城一期，并配套高标准的员工公寓（紫南员工村）。事实证明，村委会这一发展决策是正确的。目前，紫南商贸城每年都会为村民带来稳定的经济收益。此外，投资 6 000 多万元建成的紫南员工村二期，被纳入南庄镇保障性住房范围。紫南美食城商铺进驻率达 90%。

继引入佛山市一大批知名企业进驻紫南村后，紫南村 2013 年引进了投资 2 000 多万元、可承接省级赛事的高标准羽毛球训练基地健康产业项目，并于 2014 年 10 月引进投资 1 亿多元的岭蓝水乡国际水会，现已正式对外投入使用。

经济发展是基础，产业方向是支柱。这一系列第三产业和幸福导向型产业项目虽然在乡村中落户和建设，但发展定位和目标是向城市看齐。紫南人抓住了第三产业发展的先机，兴建产业高地和商贸商圈，吸引城市人和周边各界人士到紫南投资、居住、消费，也由此带动了紫南村各种产业形态的蓬勃发展。

目前，紫南村把培育好三个专业市场（紫南商贸城、易运物流基地、水暖器材城）、做大一个产业（饮食业）作为产业发展的主脉。第三产业和幸福导向型产业作为紫南村产业转型升级的经济主脉，产业（饮食业）力争在2015年实现由现有10万平方米的饮食面积扩展到25万平方米，为紫南村经济发展打下坚实基础。

（5）新文化：开展社区新文化建设，构筑文化共同体。

紫南村开展社区新文化建设，培育和践行社会主义核心价值观，构筑社区共同理想和精神。近年来，紫南村大力培育与践行社会主义核心价值观，并将其内化为重要推动力，取得了巨大的成就。

第一，构筑社区共同理想，塑造紫南“主心骨”。

“富强、民主、文明、和谐”是社会主义核心价值观中宏观层面的追求，也是最高的目标，是“主心骨”。从全国角度讲，是国家层面的价值目标；从紫南村角度讲，是全村的宏观价值目标。

在宏观层面中，富强是首要条件，“发展才是硬道理”。2007年以来，紫南除在经济发展方面取得显著成绩外，在民主、文明与和谐等方面，也取得了长足的进步。在民主建设方面，紫南村以开展党的群众路线教育实践活动为契机，强化了村干部、党员干部的考核体系，同时制定了每年由村民评议党员、由党员评议村党支部的制度，通过公示检查结果，对差评的村要求党员带头整顿，把制度和责任落实到党员身上，较好地发挥了党员的先锋模范作用。在文明建设方面，紫南村重视基础教育，力求“文明”素养从儿童抓起。近年来，紫南村投资近800万元、以省级幼儿园的标准建成一座新的紫南幼儿园；投入了400多万元对紫南小学进行改造，建起了校巴候车站台，重新规划建设一座两层框架混凝土食堂及篮球馆等一批设施，增设爵士鼓训练室、醒狮训练室，进一步丰富学生的课余生活，并推动紫南小学与佛山市著名的优质小学——佛山市第九小学实质性合并，解决了村民对高素质教育的要求问题。此外，紫南村每年投入不少于1 000万元改善基础设施，对村里的16个休闲公园、24个智能公厕、部分村道的硬底化、全村60公里长的水管道以及路灯等民生设施进行改造升级。紫南村成立了禅城区第一个村级市政管理处，并出台了道路清洁、垃圾清运工作的新规定、新制度，通过购买环卫垃圾自动装卸车、洒水车和匹配的垃圾桶等，满足了村民对村里环境卫生的要求。

第二，凝聚社区精神力量，提升紫南“精气神”。

“自由、平等、公正、法治”是社会主义核心价值观中社会层面的价值取向，代表着现代人本社会的追求目标，是我们每个人心中“中国梦”的具体体现，是大家共同的精神追求。

在社会层面中，公正和法治是重要基础，是实现自由、平等的保障。紫南村积极建立财务、村务、政务公开监督体系，确保村财政支出更公平、公正。目前，紫南村大小工程都进行招投标并全面公开。此外，为加强紫南村法治建设，2008年，按照区、镇的统一部署，紫南村成立了紫南综合管理工作站，由村支书担任站长，行政执法、交警、环保、综治、司法等部门安排人员驻点负责，通过整治全村无牌无证市场经营、黑网吧、占道乱停放等现象，以及处理河水污染、拆除违章建筑，加强了紫南法治建设。

为了加强村民沟通和交流，打造村民自由交流的精神家园，2008年5月，紫南村办起了第一期村报《紫南之窗》，并免费派发到全村家家户户和各个厂企。在社会保障方面，紫南村在全镇率先与南庄医院合作推行门诊二次医保和住院二次医保，村民到镇医院看病只需4元挂号费（含检查费、药费等），住院费400元即可。另外，村委会出资500多万元为全村的村民购买新农保和全征地养老保险，对在单位购买了企业职工社保的村民进行另外补助，为没有挂靠单位的60周岁以上的村民购买378元/月的全征地养老保险及新农保退休金，为55周岁以上的村民每月发放350元老人金，实现了全民社保。2010年，紫南村成立了南庄镇慈善基金会紫南村慈善分会，共筹得善款160万元，用于帮扶紫南村困难人员。同时，紫南村还成立“书记基金”和扶贫救助基金，五年来合计发放助困款100多万元，真正做到了社会公平和全民共享。

第三，倡导社区道德规范，奏响紫南“主旋律”。

“爱国、敬业、诚信、友善”是社会主义核心价值观中公民个人层面的价值准则，这是我国长期以来在公民道德建设方面对个人提出的基本要求。其中，爱国是基础，只有发自内心地爱国才能爱这一方土地和土地上的人民，才能做到真正的敬业、诚信和友善。在紫南村的《村务管理章程》《村民委员会自治章程》等村规民约中，紫南村都积极倡导公民道德规范，把它作为紫南精神文明建设的“主旋律”。这些年来，紫南村通过开展群众性文体活动，不断提高群众精神文化水平和思想道德水平，让核心价值观深入人心。每年，村里都邀请放映队定期免费播放露天电影；每晚，村里都有专职的健身舞教练教村民跳舞。这些文体活动，让紫南村民爱家爱村爱国的情绪高涨，他们自编自演了粤曲《紫南颂》，通过粤剧传唱的方式来表达对紫南村的热爱。在祖国60周年华诞之际，紫南村组织了25支合唱队，共800多名村民，齐声放歌祝福伟大的祖国繁荣昌盛，这进一步激发了全体村民的爱国热情。

古语云：“人无信不立。”紫南人重诚信胜于生命，他们有句俗话“我们紫南人，牙齿当金使”，意思是说，紫南人很重视信誉，一诺千金，承诺的事情就一定会做到。紫南村民讲求信用、爱岗敬业远近闻名，紫南美食城获评“佛山市饮食服务安全示范街”，村一级获此殊荣在整个佛山市也并不多见，这也充分说明了紫南人的诚信、敬业获得大家的肯定。

友善待人是中华民族的传统美德之一，在紫南村，善待亲人、善待朋友、善待他人、善待自然等现象屡见不鲜。在紫南村，有位有着十几年党龄的党员，他前些年患上精神疾病，平时须靠定时吃药来维持病情，无法正常参加工作，后来他老婆又和他离了婚，他自己带着五岁的孩子，日子过得很艰难，街坊邻居知道他的情况后都纷纷伸出援助之手，村每年的慈善基金和“书记基金”都给予他补助金，紫南村党支部还经常组织其他党员干部对他进行慰问，帮助他解决生活上的一些困难。这在紫南村不是孤例，凡是生活比较困难的村民都是帮扶对象，因为在紫南村民眼中，大家都是一家人。在紫南村邻舍服务中心，每当传统节假日到来之际，例如元宵节、中秋节等，你都可以看到社工、志愿者、老人、妇女、孩子欢聚一堂，包汤圆、猜灯谜、做游戏……就像一家人，场面温馨感人。在紫南村，爱村爱国、诚信敬业、文明礼貌、守望相助、尊老爱幼、热情好客、助人为乐等精神早已深深根植在全体紫南人民心中，是紫南人生活中和谐的“主旋律”。

（图片来源：紫南村委会）

（6）新生态：绿色发展新理念，构筑生态共同体。

在2015年佛山城市升级明星项目、最美系列项目网络评选中，紫南村与南海松塘村、顺德逢简村一并被评为“最美乡村”。紫南村为什么能获得“最美乡村”称号，为什么能获得广大佛山市民的认可？这要归结于紫南村2008年以来在生态文明建设上所付出的一系列努力。

2008年，是紫南村生态文明建设发展转折之年，生态和文明元素一直贯穿于紫南村以后的发展过程中。全村完成了60公里地下污水管网改造，村内污水管网基本全覆盖，雨污分流并引入污水厂集中处理，紫南村成为佛山第一条基本实现污水管网全覆盖的村庄，现时村内河涌水清鱼跃；在5.88平方公里的土地上，拥有16个绿色休闲公园和2.7亩湿地公园，全村人均绿化面积40.42平方米，绿色成为村内独特景色；实施河涌水质修复，全村畜禽禁养，将原来的“死水涌”变成富有生机的“景观涌”，河涌清澈，水草茂盛，鱼虾游弋，已成为紫南村河涌的真实写照；组建村级专业环卫队伍，美化村容村貌，实现村道宽敞干净，没有乱摆卖，没有乱张贴；利用村内原有鱼塘，打造具有特色的绿色休闲农家乐，塘泥种菜，菜梗养鱼，菜、鱼供吃，类似桑基鱼塘的生态模式在紫南得到了保留；整治和规范村内工业园区，完成园区内污水管网建设，园区内已没有无牌无证企业，成为佛山市村级工业园区整治的示范点。

在生态环境改造过程中，紫南村还充分挖掘、保留自身独具特色的生态文化元素，过石桥、看古榕、听流水、赏美景，是紫南古村特有的生态文化。以村头村小组为例，河涌环绕村庄，村内大小鱼塘独具田园风情，一个不到300户的自然村小组，却保留了七间祠堂，这在珠三角地区是极其少有的。“祠堂群落、旧楼古屋、石桥流水、渔舟唱晚”的美丽画卷，是该村小组给每个来访者的第一印象，也是紫南村整体特色生态文化的一个缩影。

（图片来源：紫南村委会）

在获得佛山市生态示范村称号后，紫南村正在朝着国家级生态村的更高目标进发，将创建国家级生态村工作融入日常工作和生活中。通过积极创建国家级生态村，添绿、显山、露水，一个现代化的生态型乡村已经初具雏形、呼之欲出。通过创建国家级生态村工作，村民的生态环保意识大大增强，农村人居环境、村民的精神面貌和党群关系发生了较大变化，这是紫南村开展创建生态村工作以来所取得的最大变化和最大成效。

【链接】

紫南村的“升哥”

——记佛山市禅城区南庄镇紫南村党支部书记潘柱升

潘柱升，50岁出头，佛山市禅城区南庄镇紫南村人，1980年当了三年兵后在镇属企业工作，成了城里人，天生不服输的他，在集体企业工作了一段时间后下海经商，1998年远赴贵州省开拓市场，发展到2007年已经是6家实体企业的老板。2007年底回乡，成了连任两届的村支书，人们亲切地称他为“升哥”。

“我要当党员信我、选我的书记”

2005年，正值紫南村委会班子换届，时任南庄镇党委副书记的陆顺莲远赴贵州劝潘柱升回故里紫南村，向他简单介绍了村的状况后，要求他回家为故乡百姓服务，当时在贵州已经既有经济地位又有政治地位的他拒绝了。2007年底，又到了村支部班子换届了，陆顺莲副书记再赴贵州，劝潘柱升回故里领导、管理紫南村的工作，这时他在贵州省经营的企业和市场正是如火如荼的时候，他还是不想回去，理由是自己在贵州创业，是个商人，从没有从过政，怕不会做、做不好。陆副书记语重心长地与他长谈，其中一句话打动了他：“你有二十几年党龄，但在关键时刻，却没有表现出你应有的党性。”一说“党性”，潘柱升心里一颤，当兵入伍第二年他就光荣入党，这在新兵中是少有的，当时家里村里都为其自豪，那时的他，默默下决心要为党的事业作出一番贡献，当个好党员。陆副书记这一番话让他的内心开始动摇了，沉默了一会，他向陆副书记表态：“给点时间让我好好考虑考虑。”陆副书记带着镇党委的使命，作出了不成功誓不罢休的姿态，住在贵州一直等待潘柱升的答复。

功夫不负有心人，陆副书记三进贵州终成正果。经过一个星期的考虑，潘柱升的党性战胜了个性，跟着陆副书记回紫南村了。

回村后，潘柱升着手了解紫南村的基本情况。从1992年到2007年的15年间，村的集体经济发展了，然而矛盾却多了，怨气也多了。2005年至2007年，村民50人以上到市级以上部门上访达16次，投诉信件多次上到省政府甚至中央政府，有关紫南村的谣言不断在网上散播。潘柱升了解到这些情况后，冷静地分析了其中存在的问题：一是发展壮大了集体经济，注重了村的建设，却忽视了村民的口袋；二是主要领导缺乏民主集中制意识；三是后期上任的领导发展缓慢，把积累的钱分光后没有后劲了。村干部的工作方法得不到村民的认可，召开村民会议时，村民经常抢“咪头”、掀桌子，还把村档案室的钥匙抢在手里，防止村干部销毁账本。那时的村民常常“闹革命”。

面对村里的状况，潘柱升心里翻腾着，怎么会这样呢？一种要改变现状、让村民过上安心日子、让上级党委和政府放心的思想在涌动着，一个声音在呼唤——“回来吧，当个村干部，在这个位置上改变村的面貌！”可是，他心里还是有点犹豫，实在放不下在贵州苦拼出来的6家企业。镇委书记张辉明找他谈话，说：“我相信你有能力帮助紫南，我看好你！”这句话坚定了潘柱升回乡当村干部的念头，不为名不为利的他，想通过从政再次检验自己的能力，从而实现自己的人生价值。

对于一个1980年就离开家乡的本土人，村民对潘柱升还是有点陌生，为了让党员和村民认识自己、相信自己，他在党员和村民代表大会上，与乡亲们一起讨论如何改变紫南村面貌、如何让乡亲们得到更多的实惠等问题，在这个过程中让大家了解他的思路，他也了解了党员和村民的想法。他还个人出资带着党员到他在贵州经营的企业参观，到先进村参观。思想碰撞是一个改变思维方式、了解和掌握时势发展动态、进一步理解上级党委和政府方针政策的过程。他的管理理念、管理策略、政策水平逐步得到大家认可，他的努力换来了成功！换届如期进行，他高票当选为党支部书记，半年后他又高票当选为村委会主任。他对陆副书记说："我不要镇党委的一纸任命，我要当党员信我、选我的书记。"

他上任伊始，在领导班子内部烧了"三把火"。

第一把火，创办村报《紫南之窗》，每个月把最新的中央、省、市、区、镇关于农村问题的方针政策、生活知识、村领导班子决策、村民对村管理等的意见，在小报上刊登，增加管理的透明度，加强了村民与村干部的沟通。

第二把火，整顿党员队伍和干部队伍。强调党员参加党组织生活的纪律，制定了每年一次由村民评议党员、由党员评议党支部的制度，其中一条是"与村民沟通的情况"，让村民打分。他还定期以自然村为单位组织党员对各村村容村貌等进行交叉检查，公示检查结果，对差评的村要求党员带头整顿。他把制度和责任落实到党员身上，较好地发挥了党员的作用。

第三把火，带头自律，要求村民做到的首先自己做到。他是这样定下规矩的，也是这样做的。2008 年，他上任时接到村财务审计报告，发现村承包出去的物业、鱼塘的租金，按合同规定应在当年的 12 月底交完第二年的租金，结果只收了 25%，有 700 万元的租金没有收回。为此，潘柱升向全村发出了一封公开信，要求按合同在规定时间内交承包租金，拖延时间的要交滞纳金，不然法庭见。欠款人中有两户是他的亲属，这一下，很多人觉得有戏看了。但潘柱升一视同仁、不徇私情，亲自登门做工作，带着亲属到财务室交欠款。看到书记的行为，其他欠款人都无话可说了。

打铁先要自身硬，潘柱升的“三把火”让村民有了盼头。

“当这个村干部很累，但累得值，因为改变了村的面貌，实现了我的个人价值!”这是许多人提问时，潘柱升的回答。

是呀，他从2007年底任职到现在，紫南村发生了很大的变化。他根据紫南村紧靠佛山中心城区的独特地理优势大做文章，确立了建立紫南商贸城的发展思路。先后建立了员工村、农产品交易市场、大超市、美食城，“四个轮子”一齐转，形成一个系统的市场链条：物业的租用带动了市场经济的发展，人员的居住往来带动了消费，消费又带动了市场，滚动式的经济链条促生了紫南经济。

土地的有效使用使村民得到了实惠。目前市场的出租率达96%，年收入达1 536万元，不断投入建设的资金基本回本了。2007年至今，村物业合同收入翻了7倍；村民的年分红收入从846元/人，发展到2013年的7 200元/人，翻了近9倍。

经济基础的硬件打好了，他又思考下一步的管理策略了。他用企业经营和城市管理的理念形成了管理村子的四大体系，定有规章制度，向城镇管理模式靠拢，提高村民生活质量，提升村民的幸福感，让村民生活得更安逸。

制度管理体系。定制度容易执行难，然而在紫南村实行得比较好，这关键在于奖罚严明。如乱倒垃圾，举报者有奖，乱倒者受罚；规定村民不准养猪养鸡，发现给予处罚。许许多多条条规规，让习惯了自由的农民成为逐步适应了城市公共规章制度管理的新村民。

社会保障体系。在全镇率先实现全民参保，为没有挂靠单位的村民购买378元/月的全征地养老保险及新农保退休金，退休的村民每月还有200元补贴。在全镇率先实现了二次医保，除了每人每年有一定的医疗补助外，从2009年开始，与南庄医院合作，村民看病只需交4元挂号费（含检查费、药费等），住院费400元即可。按省级幼儿园标准建起了村幼儿园，投入数百万元改造紫南小学。还成立了村居家庭综合服务中心。

安全管理体系。投入500多万元建设安全社区，其中用200多万元配置视频监控，围蔽了村道出入口，一旦发生盗窃便能及时发现并抓捕作案人员。每晚10点后所有出入口关闭，村民凭身份证办理通道出入遥控开关。

环境绿化体系。2009年投入3 500多万元，全面完成水管道改造工程，实现了雨水和污水分流，人均投入超过5 000元。每年还投入600万元绿化和改造道路，专门成立了市政管理处，由本村村民负责管理和清洁卫生。

（图片来源：紫南村委会）

举目眺望紫南村，鳞次栉比的农民公寓、郁郁葱葱的树木、宽敞洁净的街道，如果不是偶尔看见在家门口浇灌菜地的村民，还真以为是城市的一角呢，距农村全面城镇化只差一步之遥。

“升哥”带着我们一行人在村里转悠着，他边开着自己的“大奔”边向我们实地介绍情况，眼里闪烁着光芒，嘴角带着微笑，让我们亲身感受到了一个企业家回乡建设的喜悦与自豪。这时车里响起了《家乡美》的曲子，优美的旋律伴随我们欣赏新农村，使我们由衷感觉到紫南村的美、紫南村的幸福、“升哥”的成就感。

“升哥”对我们说：“我回到紫南天天都有梦想，常常有干事业的激情。看到村改变了面貌，村民安居乐业，能一年一年地过上安逸的日子，我虽然很累，不过真的好开心！

“因为紫南这片土地是生我养我的地方，为家乡服务，有一种满足感和自豪感。我在商场拼搏成功了，也想尝试从政的成功感，更进一步实现自我价值。就算我在贵州活得很风光，哪怕开上私人飞机，家乡的父老乡亲依然受穷、生我养我的土地依然如故，我的心里也不好受啊！”

班子里的年轻人说：“‘升哥’的脑袋转得很快，我们年轻人都跟不上他，在他的带领下我们要快步跟着走才行，跟着他干很累，但学到好多东西。”潘柱升对此腼腆地笑笑，他说：“脑袋要不断地接收新的信息，脑瓜才会常出新法。我不这样就会落后了，信息时代形势变化很快呀！”他是个不断上进好学的人，回村后，他在北京经济研修学院业余学习了四年，每天都要上网浏览新闻，去年还申报了广东省高级政工师，正在写论文……

“升哥”侠骨里的热血柔情

在人们的印象中，“升哥”是个铁骨铮铮的男子汉，理解政策到位，坚持原则不含糊、不手软，然而流淌着热血的侠骨里有一段段的柔情。

潘柱升在贵州经营企业富裕起来后，不忘承担社会责任，他承担了40名孤儿和几十名单亲特困家庭孩子上学的一切费用，现在已经有40人读完了小学、40人读完了初中、29人读完了高中、18人读完了大学。回村里当干部后，村里开出的工资，他一分都不拿，建立起“书记基金”，用于帮助特困家庭，从2008年至今已经帮助241人次，共补贴了177 300元，人均736元。

今年6月的一天，我们走进他的办公室。他手机的信息不断，他看着其中一条微微笑了笑，拿给我们看：“‘升哥’，祝您父亲节快乐、身体健康!”

这是退休老师毛玉珍发来的信息，她今年已经64岁了。毛玉珍从外地嫁入紫南村几十年了，从学生时代开始就申请入党，至今一直没有得到批准，原因是有海外关系。2012年，当潘柱升了解到这个情况后找到当时的镇党委，当事人解释说：考虑毛老师年纪这么大了就算了吧。可是潘柱升较真地说：党章只规定了入党的最低年龄，没有规定最高的年龄，为什么不能发展？他说服了镇党委，经过一年的培养，把她发展入党了。在支部大会上，毛老师激动得声泪俱下地念着入党申请书：“加入中国共产党是我毕生的追求。这么老了，我想加入中国共产党不是为了名、为了利……为的是在有生之年也能为党做更多的工作，全心全意为人民服务……”全体党员为之动容。

2013年的父亲节那天，他答应女儿回家吃晚饭，可是，女儿的愿望落空了。他约了一个在深圳打工的本村女孩吃饭、“聊天”。她是个被抱养的孩子，养父在她8岁时去世了，养母含辛茹苦把她养大。最近，她的亲姐妹寻亲来了，当她知道自己的身世后，心里非常纠结，不知如何是好，于是采取了逃避的办法，到深圳打工去了，既不理会养母，也不理会认亲的人。潘柱升知道后，决心让母女走出这个尴尬的局面。他与她谈人生，引导她处理好三个问题：一是身世问题，两头孰轻孰重要有个度量；二是婚姻问题，要考虑和解决了；三是工作地点问题，要考虑照顾养母。他既像父亲又像兄长地与她“聊天”后，女孩感觉心里舒服多了。回到深圳后，她发了一条信息给潘柱升：“升哥，今天谢谢您！您跟我说的，我都记在心里了，谢谢您！”

潘柱升爱村如家，只要出现难以解决的问题，他都亲力亲为。对家里的事，他经常是顾不上，给家人的承诺经常落空，老婆常有怨言。他对老婆说：“我举手之劳帮助别人，看见被帮助人的笑我很开心。如果你看不惯我的做法，与我在一起生活你会一辈子痛苦的，慢慢习惯就好了。”无奈之下，老婆真的是慢慢习惯了，笑着对他说：“你是天下第一傻！”

潘柱升，宛如一根柱子托起家园。已经是省、市人大代表的他，深感责任重大，知天命之年的他，还憧憬着、梦想着在精力充沛的有限时间里，发展紫南村，他迈着轻盈的步伐行走在紫南的村村户户间，身上总有一股使不完的劲儿。

我们带着感动和敬佩，沉浸在《家乡美》的曲子中：“家乡美，最美是那家乡的人，天天都唱歌年年都欣慰，一方水土一方情哎，生在心里的根。家乡美，家乡美，最美是那柔柔的家乡水，水边的风儿轻轻吹，天空的燕子悠悠地飞，远方的游子请你快快回……”这就是“升哥”心里的写照啊！

（来源：紫南村委会）

第二章

村居自治——幸福村居的组织基础

村居自治，就是强调村民“自己管理自己”，村民拥有自由选举权和言论自由权，政府还政于民、放权于民，村民通过社区参与来分担社会管理事务。村居自治是建设新型社区和幸福村居的组织基础和发展前提。紫南村的成功之路，正在于以潘柱升为代表和领头的紫南村“两委”班子始终坚持村居自治原则，全面坚持人民主体地位，全面落实人民主体地位，带领全体紫南人进行中国村居自治的伟大实践和伟大创造。

第一节　村居自治的概念内涵

一、村居自治基本概念内涵

“自治”一词源于希腊语“autonomia”。它有两层含义：一是独立自主，人民自己管理自己的事务；二是国家的某部分独立自主地进行管理，意味着一定的国家集权与中央分权。社区村（居）民自治中的“自治”是指第一种含义，即社区自治就是一定区域内的村（居）民，根据法律的规定组织起来，共同管理区域内涉及居民的事务。社区自治是依靠社区内的自治性组织来实现的，其自治权主要体现在财产自治、选举自治、组织与管理自治、教育自治和服务自治。

社区自治不涉及分权，也不涉及其他政治制度设计，而更多是属于日常生活问题。社区自治指向的是按照法律规定村（居）民所享有的权利，这些权利包括：村（居）民对社区自治组织活动的参与权；村（居）民对社区中政府活动、非营利组织活动的参与权与监督权；村（居）民对企业活动所带来的外部负效应拥有监督权和要求权；村（居）民拥有组建群众性小社团的自由权，等等。从这一界定也可以看出，村居自治的主体是村（居）民而不是村（居）委会，村（居）委会只是村（居）民的一种自组织形式；村（居）民自组织形式可以是村（居）委会，也可以是其他形式，比如业主委员会、社区社会组织等。因此，村居自治不能等同于村（居）委会自治。

村（居）民自治是我国基层群众自治的重要组成部分。十七大的一个重大创新是将“基层群众自治制度”首次写入党代会报告，并把“基层群众自治制度”与人民代表大会制度、中国共产党领导的多党合作和政治协商制度、民族区域自治制度一起纳入了中国特色政治制度范畴。这既表明了党对基层群众自治制度的重视，也表明了党对基层群众自治制度发展提出了更高的要求。

二、当前村居自治存在的主要问题

村居自治的本质是村（居）民通过自组织方式回应社区需求，在此过程中逐渐构建自治共同体。但是，恰恰是对村居自治在概念、理念上的模糊认知，导致了目前村居自治在实践中出现了问题。这些问题主要有：

（1）村居自治不是村（居）民自治而是村（居）委会自治。

（2）村居自治不是指向村（居）民需求而是指向行政创新。

（3）村居自治不是村（居）民行动而是政府行动。

三、村居自治的主要表现形式

中国特色的村居自治应该称为社区群众性自治。就现阶段的情况而言，它有三种主要表现形式：一是以村（居）委会为组织载体的村（居）民自治；二是以业主大会、业主代表大会、业主委员会为组织载体的社区业主自治；三是以基层社会组织为组织载体的社区社团自治。

这三种群众性自治不能相互替代，但可以相互补充。这就首先需要建立健全村（居）委会组织体系，开展多层次、多样化的社区村（居）民自治活动。其次需要培育发展和监督管理城乡社区社会组织，引导它们着力开展社区成员所需、民间组织所能、党和政府希望开展而又力所不及的服务项目，推进社区社团自治，把社区群众性自治空间从单一的地缘群体拓展到多元群体。最后需要建立健全社区业主组织，推进社区业主自治，完善社区党组织、村（居）委会、业主委员会和物业服务企业的协调共管机制。所谓社区成员，既包括社区居民（村民）又包括驻社区单位，他们既是社区建设的受益者，又是社区建设和社区治理的主体力量。动员组织社区成员广泛有序参与社区治理是社区建设和社区治理创新的突出任务之一。要注重用共同需求、共同利益来调动社区成员广泛参与的积极性，坚持互利互惠、成果共享原则，在共治中共享，在共享中共治。

（一）社区村（居）委会

1. 社区村（居）委会的性质

村（居）委会是具有中国特色的基层群众性自治组织，是中国人民民主专政和城市基层政权的重要基础，也是党和政府联系人民群众的桥梁和纽带之一。我国《宪法》第一百一十一条规定："城市和农村按居民居住地设立的居民委员会或者村民委员会是基层群众性自治组织。"《城市居民委员会组织法》第二条规定："居民委员会是居民自我管理、自我教育、自我服务的基层群众性自治组织。"在中国的城市地区有 4 亿多居民通过这一制度直接行使宪法赋予的自治权和民主管理经济、文化和社会事务的权力。

2. 社区村（居）委会的职责

社区村（居）委会主要负责办理本社区村（居）民的公共

事务和开展公益事业；调解民间纠纷，协助维护社会治安；协助政府做好与社区村（居）民利益有关的社会保障、城市管理、社会稳定、公共卫生、计划生育、优抚救济、青少年教育等工作；向政府反映社区村（居）民的意见、要求和建议；理顺社区与驻社区单位关系，调动驻社区单位参与社区建设的积极性，挖掘社区资源，互惠互利、共建共享，驻社区单位有责任、有义务参与社区建设。文件规定，政府职能部门、街道办事处与社区村（居）委会是指导与协调、服务与监督的关系。

（二）业主委员会

1. 业主委员会的性质

业主委员会，是指由物业管理区域内业主代表组成，代表业主的利益，向社会各方反映业主意愿和要求，并监督物业管理公司管理运作的民间性组织。

2. 业主委员会的人员构成

一般而言，一个物业管理区域只设一个业主委员会。首届业主委员会由物业管理行政主管部门会同开发建设单位或物业管理公司、业主代表组成筹委会，由筹委会推荐本会候选人名单，提交第一次业主大会或业主代表大会选举产生。业主委员会的组织机构在设置时，根据物业规模的大小设 5 ~ 15 名委员。

3. 业主委员会的职责

《物业管理条例》第十五条规定业主委员会履行下列职责：召集业主大会会议，报告物业管理的实施情况；代表业主与业主大会选聘的物业服务企业签订物业服务合同；及时了解业主、物业使用人的意见和建议，监督和协助物业服务企业履行物业服务合同；监督管理规约的实施；业主大会赋予的其他职责。

（三）社区社会组织

1. 社区社会组织的性质

社区社会组织是指由社区组织或个人在社区（乡镇、街道）范围内单独或联合举办的、在社区范围内开展活动的、满足社区居民不同需求的民间自发组织。

社区社会组织不等同于社会组织（社会组织，在我国主要由公民自愿组成，由从事非营利活动的社会团体、民办非企业单位和利用社会捐赠的财产从事公益事业的基金会三大类在民政部门登记的社会组织组成），但社区社会组织是社会组织的重要组成部分。成立和依托于社区，在社区进行服务、开展活动的社会组织，我们称为“社区型社会组织”，这是我们在新型社区建设中推广社会组织的主体和方向。

2. 社区社会组织的功能

社区社会组织扎根在社会最基层，最能体现社区服务的功能，是基层群众参与活动和表达意愿的最好渠道，其特点是小型、多样和便捷。可以将社区型社会组织放到街道、乡镇备案，包括一些群团文体社会组织、社区服务组织、社区志愿者组织。一些小型社会组织在草创时期有诸多问题，但这并不妨碍政府给予其必要帮助。政府的帮助和扶持路径应该如是：鼓励小型社区社会组织往专业方向走，通过一系列扶持、帮助和流程梳理，让其在注册环节少走弯路；通过购买服务等方式，给其一定的生存和发展空间；通过民生创新资金的设置，引导其进行项目申报；在此过程中培养社会组织承接社会服务的能力，这是我们培育社区型社会组织、社区机构和社工组织的思路和框架。

第二节　城乡居民自治的生动实践

一、探索村（居）委会成为名实相符的自治组织之路

我们必须要对“自治”有正确的理解。自治是指一种关系，应正确处理社区自组织与政府的关系，两者分工明确，而不是彻底摆脱政府。就像“自由”是在法律允许的范围内活动，而不是想干什么就干什么。

1. 关于“议行分设”

从全国各地的做法看，逐步减少行政性，自觉增加自治性，是使社区村（居）委会真正成为自治组织、实现社区制度合理完善的有效途径。我们知道，现在全国各地逐步形成了社区“议行分设”的思路。但各地对“议行分设”的理解和做法很不一样。民政部在总结全国各地经验的基础上，在《全国社区建设实验区工作实施方案》中指出，要“按照社区自治、议行分设的原则，以社区居委会或社区委员会作为主体组织，探索社区内议事层和执行层分开的社区建设组织形式”。

所谓“议行分设”，“议”就是村（居）委会进行议事、讨论，其代表社区村（居）民意见和利益，实质是表达与决策的民主过程，成员不坐班，可兼职，不领取报酬，只有适当生活补贴，为公益岗位，没有固定工资，每届任期三年。“行”有两方面的含义：一是社区事务工作站执行村（居）委会的某些决议，二是社区事务工作站从村（居）委会中剥离出来，执行街道交办的政府行政工作。这样，村（居）委会就不再是政府的“腿”，而真正成为村（居）民的“头”；以前村（居）委会“腿”的

功能就由社区事务工作站来承担。在我国，这种“议行分设”或“居站分设”，实际上是“1+2”的模式，即在居站这两个议事层和执行层之上，还有社区党组织（党支部或党委）。社区党组织是领导层，负责统领、协调村（居）委会和工作站这两支“桨”的工作，是社区这条大船的“舵手”，是平衡完成政府的事务性工作和实现村（居）民自治两者之间的杠杆。

“议行分设”的创新和意义，主要体现在以下几个方面：

首先，“议行分设”有利于给村（居）委会减负。“居站分设”的模式，把那些不属于村（居）委会职责范围内的行政工作分离出来，转移到社区事务工作站，从而让社区管理工作者有能力和精力进行社区建设管理工作。实行议事层和执行层分离，村（居）委会不再对应政府工作，实现从政府的“腿”向社区村（居）民的“头”的转变，这样就解决了长期以来困扰基层的社区村（居）委会行政化倾向的问题。通过社区管理模式的创新，以新的思路解决长期以来困扰村（居）委会的“上面千条线，下面一根针”的超负荷工作和难以提高管理水平的问题，改变了以前村（居）委会干部80%以上的精力忙于应付上级各种检查和政府交办的各项任务的情况。

其次，“议行分设”有利于进一步扩大基层民主。推行“议行分设”，可以使政府各项工作得到较好落实，工作重心真正实现下移，社区工作队伍逐步走向专业化、职业化和知识化，社区工作的水平也将得到提高。同时，通过职能归位，理顺了内外关系，强化了基层民主自治功能，社区事务工作站从村（居）委会剥离后，村（居）委会就有更多的时间和精力去从事自治方面的事情，开展自我教育、自我服务、自我管理、自我监督。“议行分设”，是城市基层管理体制由行政化管理系统向法制保障下的社区村（居）民自治体系的转变，是实现社区的民主决策、保证村（居）民参与管理决策的可持续发展决策模式。“议行分设”的具体制度设计是通过设立“一个大会，两个机构”的方式实现的，社区成员代表大会是社区的权力机构，其主要职责是选举产生社区议事协商委员会成员和社区管理委员会成员，讨论和决定社区事务；下设的社区议事协商委员会和社区管理委员会，分别体现“议行分设”。

最后，“议行分设”有利于推进社区服务工作专业化、产业化、规范化。由选举产生的社区村（居）委会作为社区的议事机构，对社区的公益事业和公共事务进行调研决策，其下设的社区事务工作站作为社区的执行机构，来完成社区村（居）委会决策的任务和区有关职能部门需要社区村（居）委会协助完成的工作。社区事务工作站主要完成社会福利和便民利民服务工作，使社区服务工作产业化。同时，完成社区环境、社区治安、社区文化、社区卫生、社区计生等工作，使社区工作规范化。社区村（居）委会的成员由选举产生的委员组成，社区事务工作站的工作人员是面向社会公开招聘的，由专业化、职业化的人员组成。通过组建社区事务工作站，使有关职能部门的职能、任务、经费、人员进社区，使社区建设工作得到全面的启动和推进。

村（居）委会走向自治组织之路的情况，在全国各地是不平衡的。在我国社区建设与社区发展过程中，有些地方社区村（居）委会行政化的倾向仍然严重存在，有的甚至还在发展。社区村（居）委会行政化主要表现在：组织设置功能行政化；自治章程、工作制度及人事决定行政化；经费收支行政化；运行方式、考核机制行政化。造成社区村（居）委会行政化的原因，可以从政府、社区组织自身以及村（居）民的参与几个方面去找，但是政府干预过多是其中的主要原因。政府对社区干预过多使村（居）民对政府产生很强的依赖心理，社区村（居）民的自治意识、参与意识因而比较淡薄。因此，各地应加快社区村（居）委会“去行政化”进程、增强社区村（居）民的自治能力。

2. 逐步扩大直接选举，增强村（居）民对村（居）委会的认同感

从社区工作的实践来看，村（居）民自治的中心问题是要充分调动起普通老百姓对自治事务的兴趣，让他们认识到自治是自己的事情，从而关注自治，对自治有积极性，这样才能最终搞好自治。

调动老百姓对自治的真正兴趣和积极性的一个最好办法就是将自治组织的管理权真正交到老百姓的手中，真正由老百姓来实行自我管理，从而达到自治的目的。而社区的民主是否在开始的时候就将社区的自治权真正交到了居民自己手中，一个最主要的标志就是是否实行了村（居）民的真正的自我选举。有了这个民主选举的基础，才有可能实现后来社区发展的民主决策、民主管理和民主监督等。如果社区的领导人不是居民自己选举产生，那么这些社区的领导人将不可能认真实行自治，村（居）民也就会对这样的自治不感兴趣，结果就会使社区的自治成为一句空话。因此，要逐步推广“一人一票”、村（居）民自己推选候选人的直接选举，然后在这个基础上进一步发展社区自治。

二、探索业主委员会自治之路

业主委员会是社区业主的自治组织，代表广大业主进行自治管理。它作为中国城市社区自治组织的重要形态，是市民社会重要的主体、基层民主的生长点、新型现代公民人格的孕育地。

1. 业主委员会自治是中国基层民主实践的新形式

在计划经济条件下，实行单位分房，同一个单位的人基本上住在同一个小区里面，人们生活中的各种纠纷和矛盾也主要由单

位来协调。随着市场经济和房地产制度的变革，不同单位甚至不同行业的人生活在一起，单位小区变成了住宅小区，这必然意味着社会组织和管理方式的深刻变革。2003 年 6 月国务院颁布《物业管理条例》（2007 年 8 月修订）、住建部下发《业主大会规程》，2007 年 3 月全国人大通过《物权法》，2009 年 12 月住建部下发《业主大会指导规则》，同时废止《业主大会规程》，初步建立起业主自治的架构。

业主自治也许比基层自治更能推动中国的民主转型。首先，业主自治是市民社会的基础，市民社会决定国家政治，市民社会的成长和壮大是构建公民社会的前提，从历史现实看，西方民主就是由业主自治发展而来的。其次，小区居民是市民社会中典型的陌生人关系，没有宗法血缘关系的桎梏，比农村村民自治具有更多的民主条件。最后，业主自治保障的是居民基本的物质需求和生活利益，不牵涉政治纷争，不受资本的直接操控，能够有效地培育人们的民主意识，锻炼人们的民主参与能力，养成人们的民主的生活方式。业主自治的健康发展必然会产生一系列的效果，如推动社区居民自治的真正实现，改变基层人大代表不代表人民的状况，继而推动各级人大代表实行真正的民主选举。

2. 培育业主的自治意识和自治能力，推进业主委员会健康发展

作为以维护住宅权益为基础的居民自治组织，业主大会和业主委员会担负着重要的社会责任，政府和社会各界必须积极帮助它们加快建设和完善，使其具备与职责要求相适应的管理能力。

业主委员会自身的建设需要特别注意两个问题：一是从目前来看，如何在现有的法律法规条件下，更合理地确定业主委员会的地位，把它与村（居）委会的关系协调好；二是从长远来看，如何培育业主和业主委员会的自治意识和管理能力。

一方面，要进一步明确业主委员会的法律地位，可以考虑在一些具有一定规模、管理比较规范的业主委员会中开展试点，使业主委员会经过注册，成为新一类的社会组织，促进该自治组织的自我完善和自我约束。同时，设法促使村（居）委会与业主委员会在物业管理中形成合力。村（居）委会与业主委员会都是居民自治组织，一个管居民事务，但在物业管理中缺乏一定的发言权；一个管物业，但在居民管理中没有权威。这种状况不利于处理由物业引发的矛盾，也很容易出现管理缺位或越位的现象。

目前，业主委员会成员是由业主推选并业余兼任的，很多成员并不十分了解岗位职责，也没有被要求必须接受职业教育和物业管理培训，而且业主委员会也没有规范的用工管理和薪酬制度，政府应组织开展职业培训，并逐步试行职业能力测评和岗位证书制度。同时，可以选择村（居）委会下属的优秀专业社工到业主委员会任职，充实业主委员会力量，增进业主委员会与村（居）委会的工作联系。

另一方面，要大力培育业主的自治意识和自治能力，指导业主委员会制定业主活动规范，加大督促业主参与管理的力度，大力培育广大业主的自我管理意识和能力。

协调好社区内相关组织的工作对于社区建设和社区管理具有重要意义。随着住宅商品化的不断发展，越来越多的居民都会成为“业主”，将物业管理纳入社区建设，发挥好社区自治组织和业主委员会的作用，这不仅有利于物业管理的健康发展，也符合社区建设的目标和要求，是保障居民合法权益的有效措施，对于加强社区建设、促进社区发展具有重要意义。

在未来的新型社区建设中，应重新安排社区相关组织之间的关系，处理好业主委员会和村（居）委会的关系，形成新的自治共同体模式。在这种自治共同体模式中，以社区党组织为核心，村（居）委会、业主委员会为两翼，物业公司起支撑作用，社区联席会议制度起协调作用，建立良好的沟通机制，建立有效的约束和激励机制，这样的自治共同体模式能适应经济发展的要求，能发挥业主委员会的应有作用，有利于社区物业管理以及新型社区的长远发展。

三、探索社区社会组织健康发展之路

在努力形成社区社会组织发展与新型社区建设良性互动的新格局方面，各地也都形成了相似的“大力培育发展社区社会组织、推进社区建设”的思路。2005 年以来，中国的社区社会组织得到极大的发展。

在各地的实践探索中，逐步形成了一条有各地特色的社区社会组织健康发展之路，这主要包括：

（1）为社区社会组织正名，提高社区社会组织的认知度。

（2）实行分类管理，努力使社区社会组织的培育走向制度化。

（3）提供社区、社会组织、社工“三社联动”发展平台，努力使社区社会组织发展壮大、发挥作用、走向制度化。

（4）进一步做好几项配套的制度建设工作：如探索建立委托授权机制，对照《行政许可法》，明确政府事务移交的内容、程序和方式。建立合作联动机制，使基层社会组织与社区其他组织平等沟通、协商合作，推进社区治理多元化。建立对基层社会组织的评估监管体系，明确谁来监管，解决监管的主体问题；明确监管什么，建立社会组织的评估指标；明确怎么监管，完善监管的方式和渠道。

总之，社区建设搞得好的地方，社区社会组织进入了有规可循、有制度可依、各方重视、实质性壮大发展、发挥作用的新阶段。这无疑是从一个重要方面推进了社会建设，因为社区社会组织的健康发展本来就是社会建设的题中之义。

四、提升社区村（居）民的新自治能力

社区村（居）民自治，就是在社区范围内，社区村（居）民根据需要兴办与社区公众切身利益密切相关的公共事务，都要通过座谈会、听证会、民主协商会、公开征询、民意调查等途径，表达社区村（居）民的意见，实行民主决策，兼顾不同利益群体的利益。其实质就是社区村（居）民通过不同形式兴办社区公共事务，是社区村（居）民通过自我组织、自我管理、社会参与、政治参与等职能实现社区的民主自治。这样社区将成为中国城乡开展现代管理的基本社会单位，成为中国城乡民主治理的基石。社区自治要求在社区村（居）民中广泛开展民主自治意识和能力的培养与训练，提升社区村（居）民新自治能力。

根据中国青少年研究中心、共青团中央权益部课题组的调查统计资料，有学者认为，当前我国在城市社区发展过程中主要存在以下几方面的问题：

（1）社区意识淡薄，社区公共参与不足。村（居）民对自己所在的社区普遍缺乏一种归属感和认同感，单位意识还很强，而社区意识、参与意识、主人翁意识还没有完全形成，社区的凝聚力不够。

（2）社区缺乏组织性。虽然不少社区成立了村（居）委会，但是大家还是发现社区的力量无法集中。这使得社区活动的开展困难重重，而且社区内的村（居）民成分不同，无法实现有效合作，也就是组织性不强。

（3）虽然社区也举办了不少活动，但是忽视了其中的内涵。由于举办活动的单位目的各不相同，往往使得社区村（居）民在

参与了之后，并不会对其社区多一些了解，对他们社区意识的培养也没有任何帮助。

（4）社区村（居）民缺乏管理运作社区的能力。社区村（居）民过分依赖社区工作者或者社区中的一些热心人士，一旦没有这批骨干分子的参与，社区活动就没有人接手了。

（5）社区只重视硬件建设，忽视对社区精神和文化的建设。

（6）村（居）民的“社区归属感”淡薄，对社区管理、社区建设缺乏认同。

针对上述情况，根本解决办法还是要在社区村（居）民中广泛开展民主自治意识和能力的培养与训练，提升社区村（居）民自治能力。培育社区的民主自治，将分散的村（居）民组织起来，建立能够承接政府授权、接受社会组织资助的法制化组织渠道，为社区村（居）民提供有针对性的各种服务，引导村（居）民通过正式的组织渠道参与社区活动和其他社会政治活动，这需要相当长一段时间的艰苦努力才能达到。

第三节　村居自治的典范

紫南村十分重视村民自治，通过村民自治规章制度建设，确保村民的合法权益和知情权。

一是实现“四民主两公开”。紫南村以构建“四民主两公开”（即民主管理、民主选举、民主决策、民主监督和村务公开、财务公开）为目的，全面完善原有的财务管理、村务公开制度，构建农村集体资产管理交易和财务网上监控这两个平台，村民可以实时查阅村集体的每一笔账。

二是建立村民代表大会议事制度。社区治理的实质和核心是沟通，治理的过程就是沟通的过程。紫南村从2007年开始，便着手积极落实村民代表大会议事制度的作用。截至2014年1月，紫南村有20个由村民直接选举产生的村小组组长，村民代表大会代表共81人，只要是决策性议题必须通过村民代表大会进行表决。从紫南村村民代表大会的实际运行来看，它在紫南村治理中发挥着重要的沟通媒介作用，它是村民的利益代表，它实现了紫南村公共利益的最大化，促进了紫南村的善治。

三是规范各类合同文本。紫南村邀请法律专业人士对重要的合同进行审查把关，并进一步规范土地出租合同文本，实现各项大小工程必须经村民代表表决和公开招投标，做到招标工作公开、透明、经得起考验。一系列的规范做法，使紫南村在2012年被评为“全国民主法治示范村”。

四是搭建畅通无阻的干群沟通信息平台，实现村民自治与社会管理的无缝对接。为了搭建畅通无阻的干群沟通信息平台，2008年5月，紫南办起了第一期村报《紫南之窗》，免费发到全村家家户户和各个厂企，村的大小事务都在这张村报上公开刊发。目前村报已出到第59期，一张小小村报真正成了村务公开、支部建设、村民自治的一大平台。

五是村居自治抓党建，抓好党建促发展。紫南村村居自治的一个成功经验是村居自治抓党建，注重党员队伍建设，提高党员的党性修养。紫南村党支部每月集中党员过一次组织生活，传达好、学习好、落实好上级的有关精神。严格按照“坚持标准、保证质量、改善结构、慎重发展”的十六字方针，将年轻有为的企业家及优秀分子吸收入党，并构建以紫南村党委为核心的“1+N+X”区域化党建新平台，有效推动了幸福紫南的全面建设。

六是建立自治长效机制，提高村民自治意识。从2008年起，紫南村就陆续制定颁布了类似“村规民约”的管理制度来解决各类管理难题。七年内，紫南村制定出台了包括《市政管理处管理制度》《紫南村村容村貌和环境卫生管理制度》等在内的十多份村规民约，并细化累计超过300项管理规定，做到奖罚分明，让每个在紫南生活的人都熟知、熟记相关管理规定，让村民在不知不觉中养成遵规守矩的意识。同时，紫南村投入20多万元建设“石头文化”，提升规章制度的文化影响力和村民的法治道德水平，巧妙地将环境升级改造与文化建设结合在一起，让村民在公园散步的时候，在欣赏美的同时受到传统美德与法治文明的教育，接受心灵的洗礼。如今的紫南，村内商铺整齐划一，村道宽敞干净，随处可见协调统一的路牌和户外广告牌，村内没有乱摆卖，没有“牛皮癣”，没有商铺占道经营等现象，实现了独具特色的村民自治管理模式。

第三章

民主协商——幸福村居的法治基石

“有事好商量”，“大家的事情由大家商量”。开展基层社区民主协商是建设新型社区和幸福村居的法治基石。紫南村的成功之路，在于以潘柱升为核心的紫南村“两委”班子始终坚持基层社区民主协商原则，在民主协商过程中始终坚持党的领导、人民当家做主、依法治村的有机统一，带领全体紫南人进行中国基层民主法治的伟大实践和伟大创造。

第一节　民主协商的概念内涵

一、民主协商的内涵

民主协商（也称协商民主），顾名思义，它是协商与民主理论的有机统一，把协商重新引入民主治理，在政策制定或治理过程中更好地结合民主原则和协商特征。协商民主理论兴起于20世纪后期，1980年，约瑟夫·毕赛特在《协商民主：共和政府的多数原则》一文中首次从学术意义上使用“协商民主”一词。20世纪80年代后期，曼宁和科恩都从政治合法性角度谈论协商民主，真正推动了协商民主理论的发展。

学者们对协商民主的理解不一，但可以把对协商民主的定义大致归类为一种立法、决策和治理形式。学者陈家刚（2005）指出，协商民主的特征包括多元性、合法性、程序性、公开性、平等性、参与性、责任性、理性，即平等、自由的公民在公共协商过程中，在广泛考虑公共利益的基础上，利用公开审议过程的理性指导协商，从而赋予立法和决策以政治合法性。

民主协商在中国早已有文化基础和制度安排，学者陈剩勇（2005）为协商政治寻找中国传统资源的支撑，在价值的层面有

"和"文化，在政治传统的层面有"民本"政治以及延伸出来的议政、讨论、辩论的方式和言官（谏官）制度。到了民主革命时期，结合马克思主义的批判理论，中国共产党运用民主协商思想，发展出群众路线和统一战线。到了新中国成立，中国共产党领导的多党合作和政治协商制度发展成为中国的基本政治制度之一，是中国民主协商形式在国家层面的重要制度安排，也是中国民主政治实践的创造性成果。2006 年的《中共中央关于加强人民政协工作的意见》中强调，协商民主和社会民主一起成为社会主义民主的重要组成部分。

二、民主协商的原则

日前，中共中央办公厅、国务院办公厅印发了《关于加强城乡社区协商的意见》（简称《意见》），《意见》对于深化基层群众自治实践、提升城乡社区治理能力、实现和维护好居民群众利益具有重大现实意义。

习近平总书记指出："在中国社会主义制度下，有事好商量，众人的事情由众人商量，找到全社会意愿和要求的最大公约数，是人民民主的真谛。"按照协商于民、协商为民的要求，城乡社区协商的原则是找到人民群众意愿和要求的最大公约数，更好地解决社区村（居）民的实际困难和问题，实现公共利益和各方利益的最大化。

一是在协商过程中要始终坚持党的领导、人民当家做主、依法治国有机统一。《意见》明确了基层党组织在协商内容、协商程序上的领导地位；强调城乡社区协商是基层群众自治的生动实践，是基层群众自治框架内的制度安排，在协商中，要坚持基层群众自治制度，通过民主协商实现基层群众的自我管理、自我教育、自我服务；要坚持依法协商，保证协商活动有序进行，协商结果合法有效。

二是依法依规开展城乡社区协商。推进基层协商民主，根本保障是依法议事、依法办事。要加强议题选择、协商形式、人员筛选、议事规则、决策程序、执行监督等各个环节的制度建设，进一步推动基层协商民主法治化、制度化、规范化，健全村（居）民会议、村（居）民代表会议议事规程，制定村（居）务监督委员会工作规则，为城乡居民开展协商实践提供法律和法规遵循。

三是确保协商主体更具有广泛性。城乡社区协商主体主要是基层政府及其派出机关、村（社区）党组织、村（居）委会、村（居）务监督委员会、村（居）民小组、驻村（社区）单位、社区社会组织、业主委员会、农村集体经济组织、农民合作组织、物业服务企业和当地居民、非户籍居民代表以及其他利益相关方。同时，还可以根据协商的事项及内容，邀请相关专家学者、专业技术人员、第三方机构等，吸纳威望高、办事公道的老党员、老干部、群众代表、党代表、人大代表、政协委员以及基层群团组织负责人、社会工作者参与，从而实现最广泛的社区协商，保障各方面利益相关者的协商权利。

四是要让协商成果得到更有效落实。在现实协商中，有时会出现协商形式化倾向，有些协商事项复杂、利益分歧严重，导致协商事项议而不决、决而不行。《意见》明确了要建立协商成果的采纳、落实和反馈机制，保障协商成果的有效落实。对于通过协商无法解决或存在较大争议的问题或事项，提交村（居）民大会或村（居）民代表大会决定，实现发扬民主与讲求效率的有机统一。

五是抓好城乡社区协商的制度衔接。加强城乡社区协商与政党协商、人大协商、政府协商、政协协商、人民团体协商、社会组织协商的制度衔接，鼓励党代表、人大代表、政协委员积极参与居住地社区协商，为人民群众表达利益诉求提供更为畅通的渠道。特别是要围绕土地流转、公共设施建设、生态环境保护等基层经济社会发展重要问题，稳步推进乡镇、街道协商，有效推进乡镇（街道）服务型政府建设和乡镇（街道）管理体制改革，促进乡镇（街道）协商与社区（村居）协商协调联动，政府治理与村（居）民自治良性互动。

六是进一步体现对协商的分类指导。《意见》强调要加强分类指导，尊重群众首创精神，各地应根据本地区实际确定协商内容，针对人口密集、人数较多的村（社区），外来务工人员较多的村（社区），留守人员较多或地广人稀、居住分散、交通不便的农村地区以及民族地区的特点，设计协商方案，提高协商的针对性、有效性。同时，要积极开展城乡社区协商示范点建设，充分发挥先进典型的引领带动作用，推进协商活动健康有序发展。

第二节　城乡社区协商的生动实践

自改革开放以来，在城乡基层社会中逐渐兴起了各种民主协商形式的制度安排，如村（居）民大会、乡贤理事会、村（居）民代表大会、社区论坛等，这是以民主协商为载体的城乡基层自治的实践。普通公民有了更多的参与机会，整个协商过程更加公开、透明，协商出来的共识也会转变为集体的决策。

城乡社区协商是化解矛盾、增进共识、凝聚合力、创新基层社会治理的关键。长期以来，我国就有天下为公、兼容并蓄、求同存异等传统基层协商文化。改革开放特别是党的十八大召开以来，城乡社区进一步实施基层群众自治制度，广泛开展了多种形式的社区协商。

一、中国泥土上生长出的基层民主经验

城乡社区协商主要是指在城乡基层，从基层政府及其派出机关、村（社区）党组织，到社区组织、社区居民等各种不同的主体，就城乡经济社会发展中涉及当地居民切身利益的公共事务、公益事业以及当地居民反应强烈、迫切要求解决的实际困难和问题等所进行的协商，使问题的确定及解决的途径和方法达成共识，实现公共利益和居民利益的最大化。

城乡社区协商并不是“舶来品”，不是生搬硬套来的西方经验，而是生长于中国泥土上并长期存在于中国城乡基层的一种民主形式，具有突出的传统优势和鲜明的本土色彩，可以说就是中国泥土上生长出来的民主经验。

1999 年 6 月 25 日，浙江省温岭市松门镇党委、政府召开了村民们从来没有见识过的会议。和往常不一样，这次会议没有镇领导铿锵有力的鸿篇大论，200 多名自发赶来的群众与镇领导进行了平等的对话。群众提出的问题大到村镇建设规划，小到邻里纠纷，镇领导耐心听讲并周详地解释与答复。民主恳谈会实际上就是提供了一条让群众参政、议政的民主渠道。

引入民主恳谈会模式以后，温岭市镇、村发生了一系列的变化，主要体现在：

（1）推动了两个转变，即领导方式的转变和干部作风的转变。原来就是“两委”班子研究，在群众不知情的情况下决策就做出来了。现在则不同，镇里、村里的重大事情必须经过民主恳谈会。这就要求领导干部要做好调查研究，积极思考工作中存在的问题，同时掌握一定的法律法规知识。对于一般干部，则要求他们广泛听取群众意见，深入实际、真心实意为群众办实事。

（2）促进了两个协调，即村“两委”关系的协调和党群、

干群关系的协调。通过召开民主恳谈会，村里的事情由村民自己负责，比如党支部和村委会的意见不统一时，两个意见都拿出来，在民主恳谈会上，让参加会议的村民代表、村民统一公决，群众认为哪个意见对就按哪个意见办，无形中就减少了“两委”之间出现冲突的机会。

（3）做到了两个体现，即体现了决策的民主化和决策的合理化。现在，镇里、村里的重大事情都是由群众或能代表大多数群众利益的人参与的，有效地克服了原来由少数人决策所带来的片面性和局限性。

（4）实现了两个促进，即促进了廉政建设和社会稳定。广泛开展民主恳谈活动，目的就是实现群众的事情群众自己做主，干部的工作群众来监督，增加工作的民主性和透明度。

（5）实现了两个减少，即行政决策成本的减少和决策阻力的减少。原来，政府开展每一项工作都需要耗费大量的人力、物力去研究、宣传和发动。召开民主恳谈会以后，存在的问题和解决的措施当场就说清楚了，决策制定、执行的阻力都减少了。

（6）实现了两个提高，即干群民主意识的提高和党委、政府在群众中的信任度的提高。通过民主恳谈会这种民主形式的实践和锻炼，干部、群众的民主意识都逐步提高了。同时，由于重大事情都召开民主恳谈会，群众亲眼看到了党委、政府为老百姓、为当地的社会经济发展所做的工作，党委、政府在群众中的信任度也提高了。难怪温岭市的干部说，现在投资上千万的项目群众都对政府放心了。

民主恳谈会是浙江省温岭市原创的基层协商民主，实际上为当代中国的民主政治找到了新的生长空间。此后，这种民主恳谈形式的协商民主又从乡镇一级拓展到乡（镇）村两级。如今，民主恳谈会已经成为城乡社区协商的一种典型形式。此后，在中国其他一些地方的城乡社区也自发产生了民主议事会、社区论坛、社区参理事会、乡贤理事会等多种协商民主形式。民主议事会针对居民反映的突出问题，通过干部收集梳理形成议题，召集相关利益主体按照一定的流程进行商讨、议决，由村（居）委会执行督办。社区参理事会是在基层党组织的领导下村（居）民参与社区建设、管理等重大事项的协商、议事和监督的民间自治组织，有“社区小政协”之称。这些基层协商民主实践如雨后春笋，在中国泥土上生长出来，爆发出旺盛的生命力。

二、中国基层民主协商的路径选择

民主协商应当坚持党委领导、民主集中、村居自治、依法协商、分层分类的总原则，构建基层社区民主协商新机制，从而提升基层社会治理能力和现代化水平。以落实协商议题、优化协商代表、拓展协商内容、丰富协商形式、规范协商程序、推进协商信息公开、加强议事协商为重点，不断推进基层社区民主协商的制度化、程序化和规范化，拓宽基层社区民主协商平台和载体，丰富基层社区民主协商内容和形式，提升基层社区民主协商主体能力和水平，保障人民群众享有更多更切实的民主权利。在区（市）层面组建党委群众工作部负责统筹规划基层民主协商，在乡镇（街道）层面完善“1+X”（“X”为特邀代表）大党委建设，实现多元社会主体参与民主协商，在社区（村居）层面设立社区党建工作指导站落实民主协商工作任务。形成以区域化党建平台为总体框架，以“区（市）—乡镇（街道）—村居”三级联动、多主体基层社会治理为目标的城乡社区民主协商制度、平台、主体和文化支撑体系。

（一）建设民主协商制度体系

加强和完善协商议题形成机制、协商代表筛选机制以及协商内容、协商形式、议事规则、决策程序、执行监督等各个环节的民主协商制度体系建设。

1. 建立“自下而上”的协商议题形成机制

协商民主在基层城乡社区落地首先要解决的是“议什么”以及“由谁来决定议什么”的问题。传统的协商议题的形成是依靠“自上而下”的议题“派发”机制，通过制定基层协商民主“内容清单”来确定的，由政府来规定协商议事范畴。在这种传统的政府派单方式以外，在基层社区协商民主实践中更为重要的是逐渐形成“自下而上”的议题形成机制，如设立百姓议事员，议事员深入到居民区，收集汇总居民所反映的问题和意见，形成协商议题。通过“自下而上”的协商议题产生机制，把居民生活中迫切需要解决的难题作为协商议题，可以使社区内的协商民主更接地气、更具实效，也能激发居民参与协商议事的内生动力。

2. 优化协商代表构成

充分考虑议题事项的性质、利益关系、复杂程度和影响范围，根据依法、属地、合理的原则确定协商代表。协商代表又称为民主协商小组成员，有固定成员与机动成员两种。固定成员以有议事能力、有社会责任感和有议事精力为原则，采用组织推荐和个人自荐相结合的方式产生，经党组织审核后确定。固定的民主协商小组成员以聘任的方式无偿开展工作，实行一年一聘。机动的民主协商小组成员人数不定，一般以具体涉事对象或该方面的专家为主，协商议事完毕其工作即告结束。

此外，还应适当增加协商代表体制外人员比例，增强协商代表的广泛性，解决协商代表身份重叠、代表性不足的问题。在正式协商代表中，降低体制内人员比例，扩大体制外人员比例；在专题协商中，通过“1 + X”的方式，广泛邀请特定利益相关群体、特定领域专家学者等人员参与协商议事。

3. 拓宽民主协商内容

围绕涉及区域经济社会发展重大问题和涉及群众切身利益的实际问题，在作出重大决策前，根据有关规定和实际需要开展协商。民主协商的主要内容包括：

（1）政府年度工作报告和政府的其他重要文件；上级党委、政府的重大政策和决策部署在本区域的执行落实方案。

（2）区域国民经济和社会发展中的长期规划、城乡建设总体规划、重大产业规划、重要基础设施建设规划、重要公共服务设施建设规划的编制和调整。

（3）涉及辖区公民、法人或者其他组织切身利益的征地拆迁、旧村旧城改造、社会保障、文化教育、医疗卫生、公共交通、社会治安、城乡管理等方面重大政策措施的制定和调整。

（4）重大政府投资项目的开展情况、重要专项资金安排及重大国有和集体资产资源的处置方案。

（5）辖区群众普遍关注或反应强烈的重要事项。

（6）基层社区党组织认为需要进行协商的其他重要事项。

4. 丰富民主协商形式

基层协商民主需要充分发扬民主，提升协商的效率，灵活采取各种协商形式有利于扩展协商民主的渠道、发挥协商民主的作用。在实践中，民主协商的形式主要有：

（1）会议审议协商。党代会、人代会等会议期间就广泛议题和专项议题进行民主协商；平时通过召开专题协商民主议事会、决策听证会、专题座谈会、人大代表（政协委员）专题议政询问会、党代表专题质询会，以及党代表、人大代表重点提案议案和建议意见专题办理（回复）会等，就重大公共事务决策议题征询民意，进行议事协商。

（2）视察点评协商。组织基层社区协商民主议事员开展视察评议活动，就相关重点工作（项目）进行现场分析点评、民主协商。

（3）研讨咨询协商。对专业性、技术性强，复杂疑难的公共决策事项，邀请或委托专家学者、上级部门及辖区专业人士等，进行咨询论证、评价分析，提出协商参考意见和对策措施建议。

（4）书面和网络征询协商。对涉及重大公共利益的决策事项，以及涉及公民、法人或其他组织切身利益的决策事项，采用书面和网络形式征询辖区有关单位、社会团体和利益相关群体代表人士的意见。

（5）个别访谈协商。以走访座谈、约请面谈等形式，就某一特定事项或个别问题同辖区有关单位、团体和代表人士进行恳谈，沟通情况，交流意见。

5. 规范民主协商议事规则

科学合理的协商议事规则是整个协商民主机制的基石，它能够提供一套面向基层、面向实践的规则来指导居民合理表达诉求以及化解矛盾纠纷。当前基层社区民主协商议事普遍存在议事规则的随意性和随机性等问题，因此，有必要引入科学合理的议事规则，并围绕公共规则的落实提供强制力保障，使协商民主在社区治理中有效运转起来。制定科学合理的协商议事规则，可以为基层顺利推进社区居民自治搭建有效沟通的平台，使“为民做主”进一步变成“由民做主”。制定基层民主协商规则时，以下几条基本原则必须坚持和贯彻：

（1）协商一致。一是协商主体要一致，协商内容涉及的所有利益相关方要参与协商；二是协商内容要一致，协商要紧密围绕协商内容展开，不跑题、不偏题、不偷换概念；三是协商意见要一致，这点是最关键的，如果还有部分协商主体存在分歧意见，则协商尚未完成，还必须继续协商下去，达成一致协商意见后，所有协商主体必须一致执行协商结果。

（2）互惠互利。最终达成的协商意见、协商结果，要让所有协商主体实现互惠互利、利益共赢，不能损害任何一方的利益。之所以要协商，必是存在不同意见、不同利益，要达到互惠互利的目标，必要时要建立利益补偿机制，对利益受损的一方给予适当合理的补偿，从而促成协商意见一致。

（3）信息公开。信息透明公开，才能取得信任，协商才能得以开展，因此信息公开要贯彻于协商全过程中。协商之前，通过合理有效的方式，向所有协商主体提前通报，告知协商内容、协商形式和相关信息，确保各类主体的知情权，便于其充分酝酿、研究、评估；协商过程中，不能隐瞒任何相关信息，确保平等对话；协商之后，要主动公开协商结果，保障协商主体的监督权。

（4）分层分类。根据协商内容的性质和范围，建立分层分类协商机制，区分区（市）层面、乡镇（街道）层面、社区（村居）层面、居民小组层面的协商活动。

（5）合法有序。协商议事要遵守现行的法律法规，所作出的协商意见、协商结果不能违反法律法规。

6. 优化民主协商程序

协商程序由基层社区党组织提议、事先告知、民主协商、纳入决策、决议反馈、过程监督六个环节组成。

（1）提议。由基层社区党组织根据形势发展需要、辖区群众需求和年度工作重点，研究并提出协商议题。也可由村（居）民代表、部分村（居）民以及其他社会组织和群众性组织提议。

（2）事先告知。协商议题确定后，由基层社区党组织制订协商方案，提前向协商民主议事员发出通知，提供相关议题资料，并支持他们就协商内容开展调查研究，在所联系的群体内开展意见征求，为协商做好准备。

(3) 民主协商。根据确定的协商方案，基层社区党组织牵头召集协商民主议事员将各方的利益诉求开诚布公地放到会议上进行民主协商、平等议事，在解决决策事项矛盾争议的前提下，求同存异，达成较为一致的协商意见，最后将达成的协商共识形成书面材料提交决策机构。

(4) 纳入决策。由基层社区党组织负责对协商结果进行研究审议，并在启动决策程序后，负责提交决策机构，供决策机构参考采纳。在各项决策程序中，党组织应详细阐述协商过程中提出的协商意见，充分解释意见形成的缘由。

(5) 决议反馈。在相关议题有决策结果后，由基层社区党组织负责向参加该议题的协商民主议事员通过座谈会、通报会或书面文字等形式进行反馈，对决议与协商意见有偏差的部分，应做好解释工作。

(6) 过程监督。在该议题执行过程中，邀请相关协商民主议事员进行民主监督。实施主体须及时通报事项进展情况、遇到的问题及后续应对措施，议事员应视情况协同配合。同时议事员可组织督查，评估事项实施的优劣，对进展不尽如人意之处提出意见，督促实施主体加以改进。最后，在事项实施完成后组织议事员进行审核。

(二) 构建民主协商平台和渠道

民主协商必须有具体、现实的实践平台和意见建议转化渠道。按照基层社区协商民主的实践性要求：一是搭建民主协商"三大平台"体系，二是畅通"五个导向"民主协商渠道。

1. 搭建民主协商"三大平台"体系

加强"三大平台"上下联动，推动协商民主平台多层化、制度化发展。

（1）对上协商平台：与乡镇（街道）政府及有关职能部门的协商，包括市、区层面的对口协商平台；在乡镇（街道）与市、区政府职能部门之间进行的联席会议、决策听证会。

（2）平行协商平台：社区（村居）层面的社区共治协商平台（社区协商议事会、社区参理事会、社区论坛）；跨社区的协商平台。

（3）虚拟协商平台：也就是网络议事协商平台，这一平台可以充分发挥网络问政、网议互动的作用。

加强民主协商平台多层级联动。在具体操作层面，市级和区级政府职能部门下沉，乡镇（街道）参与协商议事；在制度建设层面，加强民主协商平台层级制度联动建设，加强乡镇（街道）和社区（村居）民主协商与政党协商、人大协商、政府协商、政协协商、人民团体协商、社会组织协商各种平台的制度衔接，鼓励党代表、人大代表、政协委员积极参与居住地社区协商，为人民群众表达利益诉求提供更为畅通的渠道。特别是要围绕土地流转、公共设施建设、生态环境保护等基层经济社会发展重要问题，稳步推进基层社区民主协商，有效推进乡镇（街道）服务型政府建设和乡镇（街道）管理体制改革，促进乡镇（街道）协商与社区（村居）协商协调联动、政府治理与村（居）民自治良性互动。

2. 畅通“五个导向”民主协商渠道

畅通民主协商意见建议转化渠道，关键在于建立民主协商的“五个导向”机制：

（1）“区域协商”导向：构建区域化党建平台促发展。以党建平台优势引领民主协商发展，把协商民主的资源融入到基层党组织建设当中去，将党内资源与社会资源、区域资源等资源优势，有效地统筹在区域化党建大平台上，使党的工作体系突破传统的体制界限向社会领域扩展，使党的工作更紧密地与多元社会格局相融合，实现党的执政方式由“封闭式”向“开放式”转变，增强党的执政能力，推进国家治理体系现代化。

（2）“决策协商”导向：回应民生需求，体现民众利益。决策协商是就区域经济社会重大问题和涉及群众切身利益的实际问题广泛协商，广纳群言、广集民智。针对重大项目和民生项目的科学决策协商，能够让民主协商意见建议真正回应民生需求，体现民众利益，获得民众支持，接受民众监督，促进决策科学、保障民生，形成精品协商成果，示范引领其他事项的协商。

（3）“议事协商”导向：提高民主协商执行监督的实效性。“议事协商”导向，是进一步突出发挥民主协商议事会议制度具体议事的功能。增加专题协商议事会议召开次数，可以有效防止制度“形式化”问题，同时通过吸纳利益相关者或专业代表参与具体问题的协商讨论，体现参与代表的“对口性”，实现“问题能解决、制度有实效、民众能认同”的制度运作良性循环。同时协商议题注重选择群众关心的“三最”问题，避免“高、空、大”的议题，提高协商的针对性和实效性，做到协商一批问题，解决一批困难，最终让社区居民受益。

（4）“居中协商”导向：使群众感受到民主协商的公平正义。在经济快速发展的今天，社会利益日渐多元，社会矛盾也逐步凸显。要注重从源头上减少、化解社会矛盾，在协商活动中自觉运用法治思维和法治方式，保障民主协商意见建议在宪法和法律范围内开展。“居中协商”强调在群众诉求表达、利益纠纷调解中的法治思维和法治方式，充分发挥司法在协调社会利益关系中的主渠道作用，在法律框架内尽最大努力解决群众实际困难，维护群众合法权益，最终化解社会矛盾，维护社会稳定和谐。

（5）“开放协商”导向：依托网络协商新平台谋实效。网络协商是增强民主协商意见建议转化渠道开放度和人民参与度这两项指标的新渠道、新平台。一是网络信息公开让协商前信息对称。在研究制定涉及群众切身利益、社会关注度高的公共政策过程中，政府主动及时向社会公开决策信息，通过相关“信息公开”专栏，公众可方便查阅各类信息，充分了解事件全貌，实现协商前的信息对称。二是网上征集意见让协商建议广泛汇聚。三是网上协商问题让利益充分表达。四是网上公布协商成果让人民知晓与监督。将协商成果在网上公布，一方面可以让利益相关方获得协商反馈，另一方面也有利于形成对日后的监督。网络平台的开放式协商，突破了协商的信息壁垒，挖掘了公众参与协商的潜能，促进了多元协商主体的积极参与，推动了协商方式的创新和协商利益的充分表达，完善了协商成果的反馈与监督体系。

（三）培育和发展民主协商主体

在构建社区多主体基层社会治理过程中，不同主体有其不同的职能定位。民主协商要坚持多主体基层社会治理的原则，确保社区民主协商主体具有广泛性和参与性。

1. 推动乡镇（街道）政府职能转变，构建基层社会治理的重要主体

乡镇（街道）是城市日常性服务和管理的基础单元，是基层社会治理的重要主体。乡镇（街道）要按照基层社会治理的重要主体这一新的职责定位和要求，真正把工作重心放到公共服务、公共管理、公共安全上来，切实加强党的建设、统筹社区发展、组织公共服务、实施综合管理、监督专业管理、动员社会参与、指导基层自治、维护社区平安。在民主协商机制中，乡镇（街道）作为基层社会治理的重要主体，其职责定位是：组织实施乡镇（街道）专题协商，跨社区的议事协商；发动辖区单位、村

（居）民协商；指导、支持、监督社会自治组织协商；评估、考核相关民主协商实效。

2. 推动社区村（居）委会依法归位赋权，强化社区主体自治功能

在这一方面，深圳市罗湖区社区归位赋权的经验值得借鉴。为了确保居民群众真正拥有自治权利，罗湖区通过“赋制”“赋能”“赋权”，激活了社区主体自治功能，提升了社区居民议事协商能力。

（1）“赋制”。健全社区居民议事会制度，组织社区居民、社区社会组织代表参选社区居民议事会成员，由社区居民民主选举或推选社区居民议事会成员。社区居民议事会由社区综合党组织议事员 2 人、社区居委会议事员 3 人、人大代表议事员 1 ~ 2 人、社区企事业单位议事员 2 人、社区居民议事员 6 ~ 9 人，共计 14 ~ 18 人构成，按照《社区居民议事会权利清单》对社区公共事务进行决策管理。

（2）“赋能”。为了解决居民代表会议召开难、意见统一难的问题，在社区议事协商中引入“罗伯特议事规则”。经完善提炼形成“罗湖十条议事规则”，即在开会决议社区公共事务过程中，遵守主持中立、起立发言、面向主持、表明立场、不超时、不打断、不跑题、不攻击、机会均等、服从裁判等十条议事规则。居民议事从最初的面红耳赤、不欢而散变为规则至上、理性对话、民主表决。推行“罗湖十条议事规则”以来，社区议事实现了理性有序、相互尊重、充分辩论，既确保了代表充分发扬民主，又提高了议事决策效率。

（3）“赋权”。由社区居民（代表）会议授权社区居民议事会，行使以下公共事务决策权：每个居委会 5 万元至 10 万元社区基金的使用；组织辖区困难居民开展针对他们的社区公益服务

项目的设置（全区每年 2 200 万元）；选定文化部门在社区开展的文化节目；评议区职能部门、街道办事处、社区工作站、社区服务中心工作情况；与社区其他共治代表共同决策本社区的党政社群社区共治项目（民生“微实事”资金）；推选居民议事员代表与其他共治代表共同参与街道层面党政社群社区共治项目决议；依据法律法规，应由社区居委会、社区居民议事会开展的有关评议事项，等等。同时，社区居民议事会不承担社区交办的行政管理和服务事项，议事会成员参加每次会议可享受适当补贴补助。

3. 激发社区社会组织的活力，拓宽社区社会组织主体参与民主协商和基层社会治理的空间

协商的过程实际上就是各种不同利益倾向、不同偏好的社会主体参与社会生活的过程。要尽可能将基层社会的各种社会主体纳入到基层民主协商和基层社会治理的活动空间，尤其要积极培育社区服务性、公益性、互助性社会组织，引导各类社会组织参与社区管理和服务。

深圳市光明新区把试点培育社区基金会作为全面深化改革的重大举措和破题之作，具有重要的创新和示范意义。光明新区社区基金会被列为深圳市 2014 年改革计划项目和社会建设“风景林”工程盆景项目，也是深圳市全面深化改革 24 项典型案例之一。作为新区民生底线工程的补充，它的运行将为全市乃至全国社区基金会的培育发展起到示范带头作用，在构建新型社区治理体系、加快提升基层治理现代化水平方面意义重大。目前成立的五个社区基金会，通过有机整合社区各类资源，吸引政府、企业、社区居民等各种治理主体，一起参与社区公共事务的决策协商，逐渐成为脱离当前社区治理困局的有效平台，在基层社会治理当中发挥着独特的积极作用。光明新区的成功经验说明，培育

发展社区基金会，有助于创新公益慈善的模式，促进社会公益力量更多地服务本土，增加社区福利，解决社区问题；有助于引导社区的居民关心参与社区的公共事务和公益事业，改变“陌生人社会”带来的疏离感和隔阂感；有助于整合政府、市场和社会三方面的力量，来激发社区社会组织的活力，对于构建多主体基层社会治理体系具有重要的现实意义。

当前，应以社区居民需求为导向，大力发展社区各类社会组织。政府应完善扶持政策，并推动政府部门向社会组织转移职能，向社会组织开放更多的公共资源和领域，使社区社会组织在参与街道和社区治理中有更大空间、更大作为。

（四）实施民主协商文化支撑项目

文化是一个制度能否发挥作用的核心因素。民主协商如果仅仅是制度，还不能充分发挥作用。在城乡基层，只有持之以恒、常抓不懈地建设民主协商文化，把民主协商意识和精神内化为所有居民、所有干部以及党内的文化认同和文化自觉，它才能够真正在基层发挥作用。民主协商制度建设必须和民主协商文化建设结合起来，增强社会公众的协商理念和协商意识，提升社会公众的协商能力，使其自觉主动地参与到民主协商活动中来。

1. 建立乡镇（街道）和社区（村居）层面的“协商人才库”，为民主协商提供智力支持

建立乡镇（街道）和社区（村居）层面的“协商人才库”，根据利益是否直接相关、信息掌握是否相对充分、结果影响是否明显的原则，引导相关性强的群体以及代表，分层次地参与协商，为民主协商提供智力支持。

2. 落实协商代表教育培训计划

将议事协商代表教育培训纳入乡镇（街道）和社区（村居）

人才教育培训计划，开展《监督法》，代表权力、义务、职责，政府工作难点、重点、热点，区情、乡情、社情通报，议案建议书写，预算工作等专题培训。把协商代表履职实践和业务培训结合起来，通过协商代表视察、小组活动交流等形式提升协商代表素质水平。

3. 设立民主协商专项文化创新基金

民主协商专项文化创新基金着重对乡镇（街道）和社区（村居）民主协商的若干项目进行资助和扶持，鼓励和推动民主协商的全民参与和创新。

4. 培育一批乡镇（街道）和社区（村居）民主协商示范点，充分发挥典型的引领带动作用

通过广泛的政策宣传和专题培训等多种方式，提升城乡居民参与民主协商的能力和水平，营造全社会参与民主协商的良好文化氛围，把民主协商的价值取向和规则制度融入村规民约、居民公约，促进基层民主实践健康有序发展。

（五）构建社区民主协商保障机制

1. 加强民主协商的顶层设计和制度建设

民主协商建设是一个系统工程，涉及区（市）和乡镇（街道）、社区（村居）各个层面。从结构上看，有横纵交融的民主协商；从方式上看，有组织性的民主协商，还有个体性的公民参与。要克服体制机制建设碎片化、零散化、孤岛化的问题，就必须通盘考虑，从全局上加强顶层设计和制度建设。一是纳入法律法规。广东省正在研制《广东省城乡居民自治条例》（暂名），将基层协商纳入其中，确定基层协商的法律地位。二是健全领导体制，加强组织保障。将建立基层社区民主协商制度纳入各级党委、政府加强基层组织建设、完善基层社会治理

体系的重要工作内容，做好顶层设计，制订具体工作方案，分步实施、分类指导。三是加强组织协调，建立定期工作会议制度，听取基层意见，及时总结经验，研究解决推进过程中存在的问题。四是健全民主协商运行机制，规范协商程序。制定“协商清单”，明确哪些内容必须经过事先协商，哪些必须列入事中协商，哪些可以事后协商；建立乡镇（街道）和社区（村居）民主协商的工作目录；建立相关配套制度，保障乡镇（街道）和社区（村居）民主协商成果的落实；建立各层级间的联动工作机制，提高基层民主协商的有效性，推动居民、社会各界积极参与民主协商。

2. 促进多元基层社会治理主体的积极参与，激发民主协商社会活力

扩大民主协商的社会基础，在更广的范围内开展多元基层社会治理主体协商，畅通诉求表达渠道；提升协商主体履职能力，探索基层人大代表的职业化建设，完善政协委员的遴选制度，真正发挥基层人大和政协委员的民意表达功能。同时，大力拓展网络协商，激发协商活力，开设公民“议政”的频道和板块，尝试运用微博、微信等新媒体，对与公共政策或协商主题相关的背景信息、参与流程、协商规则等进行及时、有效的公布，将之打造成一个协商新平台，探索网议互动、网上问卷调查、民意测评等形式，扩大社会影响力，提高社会各界对协商民主的关注度和参与度。

3. 注重协商议事场所建设，加强对民主协商工作的资金支持和法律保障

各级财政应加大对各级协商议事场所建设的扶持力度，增加资金投入；应将乡镇（街道）和社区（村居）协商议事场所纳入社区公建配套设施范围予以保障，确保乡镇（街道）和社区

（村居）协商议事有场所。区（市）和乡镇（街道）要进一步加大支持力度，为城乡居民开展协商活动提供必要条件和资金支持。有条件的地方，经村（居）民大会或者村（居）民代表大会讨论决定，可以制定具体实施办法，对符合规定且受村（居）委会委托组织群众协商的人员，给予适当误工补贴，并按照村（居）务公开的要求予以公示。同时，要进一步完善基层群众自治的法律法规，为城乡居民开展协商民主实践提供法律支撑。坚持依法协商，高度重视运用法治思维和法治方式，发挥法治引领和推动作用，加强对相关立法工作的探索，确保民主协商工作在法治轨道上推进。

4. 大力倡导协商精神，培育协商文化

增强干部群众民主协商意识，提升城乡居民参与民主协商的能力，引导群众依法表达意见，积极参与民主协商。加强对基层民主协商工作的社会宣传，营造基层民主协商议事的社会氛围，推动居民、社区社会组织、企事业单位积极参与街道、社区协商议事；进一步转变街道、社区工作理念，在处理地（社）区事务时，广泛征询各方意见，充分调动各方力量，共建共享。开展基层干部和行政村、社区工作者民主协商专题培训，提高组织开展民主协商工作的能力和水平。成立社区学院、社区领袖学院、社区干部学院，提升社区各类协商主体的民主协商业务素质和水平。社区学院面向广大居民，着重培育社区精神，提高公民科学文化综合素质；社区领袖学院面向热心公益的志愿人士，通过专业课程着重提升领导能力、社会动员能力和筹集能力；社区干部学院面向村（居）干部或业务骨干，通过常态化、专业化的培训，着重转变观念，提升业务能力和群众工作能力。

【链接】

广州村居议事探索基层治理创新路径

过去20年，广州市增城区下围村曾一度是派系对立、上访不断的“问题村”。2013年以来，下围村改选村“两委”、公开村财务、建立民主议事制度，使历史遗留问题逐一解决，村集体经济收入翻番，并成为全国民主法治示范村，是广州市探索基层治理创新路径的一个缩影。

走进下围村，占地300多亩的清水湖公园水面波光粼粼、沿岸绿树成荫，几年前，这里还被违章建筑环绕，村民自建的五金厂、漂染厂、养猪场侵占湖面、污染环境。2014年10月，这块地被村里无偿收回，200多户村民自行完成了青苗清理和违建自拆。

“如果在过去，花几千万元补偿款可能也收不回这块地，还会有人去上访。”下围村村委会主任郭庆东说：“但这一次因为是民主议事的决议，大家都自觉遵守了，村委会除了出钱拆除部分违建，没有给任何补偿，这在过去是不可思议的。”

在下围村村委会，公告栏里整齐地贴着出纳日记账、民主理财监督、征地补偿、合作医疗及承包（租赁）情况等各种公开事项，扫一扫旁边的二维码，村民就可通过微信公众号和微信群参与议事。村委会四楼的议事厅中，代表席、旁听席、监督席、发言席区划分明，按照明文规定的议事程序，村民代表对村中大小事务进行“一事一议”，协商表决。

从2014年3月到2015年9月，下围村共召开21次村民代表大会，对43个议题进行了讨论决策，通过事项42项、否决1

项，涉及集体财产处置、分红、基础设施改造等事项，决策落实执行无一受到村民阻挠和质疑。“下围村过去矛盾的症结是村干部权力太大，村委会工作不透明，村民不信任。”郭庆东说：“现在我们通过规范的议事制度，真正实现村民自治。”

（来源：新华网，2015 年 11 月 16 日，记者：赖雨晨）

东山街五羊社区位于广州市中心，与下围村不同，这里的社区事务不涉及集体财产、分红等，更多的是关于邻里纠纷、物业管理、环境整治、业主委员会成立等。但与下围村类似的是，五羊社区根据其自身特性，建立了居民楼、大院、社区三层次的分层议事制度，实现了居民的自我管理和自我服务。

东山街党工委书记官振坤告诉记者，建立分层议事制度以来，五羊社区对 56 个大项的议题进行了协商，其中 42 项已落实解决，3 项被否决，11 项仍在跟进处理。通过议事制度，社区还得以广泛听取群众意见，将其需求策划为“四点半学堂”“百叟宴”“长者慈善饭堂”“能人工作室”等 17 个项目，通过“问需于民、问计于民、问效于民”，使居民感受到了议事带来的成就感。

“一方面，居民积极发声参与社区事务，让他们更真切地感受到自己是社区的主人，增强了他们的成就感与满足感。”官振坤说：“另一方面，以往一些分歧较大的议题通过协商得到了顺利解决，也让街道干部进一步认识到完善居民议事制度的重要性。”

据广州市民政局介绍，在下围村、五羊社区等城乡社区经验的基础上，广州市进一步规范村居议事平台建设。今年 7 月，又制定出台了《建立农村居民理事会工作指引》和《建立城市社区议事会工作指引》，以推进基层民主协商议事平台建设，拓宽城乡居民民主参与基层治理的渠道，不断提高城乡基层治理水平。

据民政部门统计，截至目前，广州市基层社区共建立实体或网络议事平台 1 844 个，议事 8 048 次，参与居民超过 23 万人次，社区自我协商解决宠物管理、停车难等热点问题 3 522 个，实现旧楼加装电梯 210 多部，新增楼（组）长 3 594 人，社区社会组织 4 498 个，居民积极参与社区事务，议事协商能力逐步提高。

（来源：新华网，2015 年 11 月 16 日）

第三节　民主法治的典范

2010 年，紫南村获得了“全国民主法治示范村”荣誉称号，成为民主法治示范村。

紫南村的成功之路以创建“民主法治示范村”为载体，加强民主协商机制建设，建立健全民主决策、民主管理和民主监督制度，充分发挥村级调解委员会的作用，有效促进了“五个文明”（物质文明、精神文明、政治文明、社会文明、生态文明）协调发展。

一、加强基层党组织建设，充分发挥党支部领导核心作用和战斗堡垒作用

2008 年，以潘柱升为核心的新“两委”班子成立。他对村“两委”班子成员说，我们要带头自律，既然我们是为村民服务的，要求村民做到的首先自己做到。潘柱升上任时接到村财务审

计报告，发现村承包出去的物业、鱼塘的租金，按合同规定应在当年的12月底交完第二年的租金，结果只收了25%，有700万元的租金没有收回。为此，潘柱升向全村发了一封公开信，要求按合同在规定时间内交承包租金，拖延时间的要交滞纳金，不然法庭见。对欠款人当中的两户自己的亲属，他亲自登门做工作，带着亲属交欠款，使欠交租金的问题得到顺利解决。

整顿党员队伍和干部队伍。强调党组织生活纪律，制定了每年由村民评议党员、由党员评议党支部一次的制度，公示检查结果，对差评的村要求党员带头整顿。把制度和责任落实到党员身上，较好地发挥了党员的作用。

“打铁先要自身硬。”村“两委”干部的廉洁自律、团结协作，让村民有了盼头，带动了民风的好转。村“两委”班子成员团结，有效推进了各项工作开展，同时密切了干群关系，为全面推进全村民主法制化建设提供了强有力的组织保证。

二、健全民主决策机制，有效推进民主法治管理进程

紫南村在民主法治管理进程中坚持“三强化三保障”：

一是强化公开制度，保障群众的知情权。利用公开栏、村民代表大会、党员大会等形式，深入翔实地向群众公开村务和财务情况。村“两委”在办理所有的村级事务时，尊重群众的意见和建议，坚持做到群众要求的积极办，群众同意的认真办，群众想不通的暂缓办，群众不同意的坚决不办。

二是强化民主决策，保障群众的决策权。动员群众积极参加新型农村合作医疗，刚开始部分老百姓担心费用交了会浪费，或担心不能报，为此，村干部就边外出学习先进经验，边走家串户做群众思想工作。同时召开村民代表大会，广泛征求意见和建议，积极的工作带来有效的成果。现在紫南村参合率达到100%。

群众看病得到了实惠，小病可以直接在家门口的卫生服务站解决，方便了群众，切实减轻了农民负担。

三是强化民主监督，保障群众的监督权。成立民主理财小组，组长由村民代表担任，对每月村里大小账目进行审核。对于不合理的开支，民主理财小组有权拒绝盖章，并将审核结果公布，真正做到了让群众明白。

三、搞好法制宣传，提供法律服务，推进依法治理

紫南村深入宣传贯彻法律、法规，把普及法律知识作为工作重点，从健全组织、培训普法宣传员，到开展“法律科技宣传月”“全国法制宣传日”活动，宣传新农村建设；通过印制“六五”普法学习资料，邀请上级领导及专家给村民和企业员工上法制安全教育课，真正把法律知识手把手教给群众，使群众学法、知法、懂法、守法，提高群众的法律知识水平，增强群众的法律意识。

四、坚持民主协商的基本原则，搭好民主协商平台和畅通民主协商渠道

紫南村把民主协商看作紫南村民表达诉求、化解矛盾的重要渠道。为做好民主协商，紫南村遵循基层民主协商的基本原则：坚持党的领导，把党的领导贯穿于民主协商的各个环节，把党的领导地位体现在协商程序、协商环节之中，确保民主协商正确的发展方向；贯彻民主集中制，协商时既要依靠群众、发扬民主，广泛听取意见，又要坚持教育和引导群众，防止议而不决、决而不行，实现发扬民主和提高效率相统一；坚持和完善基层群众自治制度，尊重村民在协商中的主体地位，引导村民广泛参与协商、自由表达真实意愿，充分保障人民群众的知情权、参与权、

表达权、监督权；坚持依法协商，在法律法规许可的范围内组织村民开展协商活动，保证协商成果合法有效；坚持全过程协商和因地制宜，增强决策的科学性和实效性，防止民主协商流于形式，不断提升基层治理能力和治理水平。

此外，紫南村还结合参与协商主体的情况和协商的具体事项，探索了民情恳谈会、乡村论坛、乡贤理事会、村民代表议事会和民主听证会等多种协商形式，搭建起村民参与公共事务和公益决策的平台。

紫南村的民主协商成功实践说明，民主协商对促进中国基层社会治理具有积极的意义。

（1）有利于调和村（居）民利益，维护社会和谐稳定。随着经济发展和社会转型，基层涌现出越来越多的社会问题，如因“六乱”而导致的环境卫生破败、空巢老人无人赡养、外来务工人员子女教育资源不足等问题，背后代表了不同利益群体的需求。将幸福村居建设引入基层社会治理，让幸福村居建设成为社会自我调节、社区居民自治的动力，是通过公共参与实现社会自身管理的一种重要方式，包括代表政府的乡镇政府（街道办事处）、代表社区的村（居）委会、服务居民的物业管理公司和业主委员会、进驻社区的专业社会组织以及作为社区主体的村（居）民有序参与到社区公共事务和公益事业的决策、管理当中。在幸福村居建设实践中，各方的主体性得到充分尊重，有利于化解矛盾纠纷，维护基层社会和谐稳定。

（2）有利于达成村（居）民共识，推动各项政策在基层一级的落实。在落实党和政府的方针政策时，基层一级更重要的是通过民主协商搭建起政府与民众互动的平台，在公开的平台下进行平等的对话，政府通过向民众解释政策来宣传上级传达的文件精神，以及听取民众意见来制定更符合本地情况的具体实施细则，汇社会民众之集体智慧，纳社会民众之集体意见，凝社会民众之集体共识，攒社会民众之集体力量，共同推动各项政策在基层一级的落实。

（3）有利于规范村（居）民行为，促进基层社区民主健康发展。民主协商为基层社区治理提供“共治”的理念和平台。面对摩擦不断的邻里纠纷、涉及多数人利益的公共事务或公共问题，村（居）民等基层主体能够主动提出协商议题，依程序提交进入协商议事渠道，通过乡镇（街道）、社区（村居）设置的公开沟通平台，就公共问题进行交流、讨论或者参与制定公共决策，拥有自愿、平等的机会表达自己的意见，进行理性的沟通，消除分歧，推动公共利益目标的实现。这有利于培养基层理性、合法的利益表达方式、沟通方式，促进基层社区自我约束、自我调节，促进基层社区民主健康发展。

第四章

幸福导向型产业——幸福村居的产业发展

产业规划是立村之本，经济发展是幸福之基。2007年，潘柱升走马上任后，便开始规划紫南村的产业发展之路。紫南村“两委”班子根据紫南优越的地理位置、文化内涵等综合考量之后，把紫南村的经济发展定位为第三产业和现代服务业。随后，以紫南商贸城为开始，陆续规划、引入了佛山易运物流基地、佛山水暖器材城等，以及占地10万平方米的紫南美食城。科学的决策、合理的布局、优化的产业，让紫南村的经济迅猛发展。继易运物流基地、风云羽毛球训练基地、桃园一品食府等一批知名企业落户运营后，佛山杜邦鸿基薄膜有限公司、岭蓝水乡国际水会、永利酒店、绿康医院等高素质的第三产业和现代服务业也陆续开业，服务村民和周边市民。“如果你垒个窝，但是鸟不来，拉力大于聚力，最后风一吹东西就全散掉了，那就没意义，我们要坚定信心，做最好的自己。我们不求最大，但求最好。”这是潘柱升书记在产业规划过程中独特的见解。

第一节　幸福导向型产业的概念内涵

幸福导向型产业是指以满足人由生存到发展的多元幸福诉求为导向，以健康、绿色、时尚、智慧为特征的新兴产业。这类产业主要包括健康服务、智能安全监管、低碳环保、时尚创意、休闲旅游、数字娱乐、智慧化社会管理服务、心灵疗伤服务、网络教育以及智慧文化产业等。

幸福导向型产业的核心是“以人为本”，这使它兼具经济学和社会学的意义。幸福导向型产业让人们的物质生活和精神生活都有了更高的品质，更有助于社会矛盾的化解。幸福导向型产业可以引导人们的消费需求，可缓解一部分人的压力，让人们的精神不至于过于浮躁和焦虑。

幸福导向型产业是广东省第十一次党代会报告的一大亮点，也是全国首次提出的新概念。时任广东省委书记汪洋在广东省第十一次党代会报告中提出，大力发展健康服务、节能环保、休闲旅游、文化创意等幸福导向型产业，引导产业转型升级的方向。“幸福导向型产业”这个概念随之首次亮相。随后，广东省专门制订出台幸福导向型产业发展的五年规划。

“幸福导向型产业”这一概念的提出是基于人类发展的必然趋势，也符合广东的实际。从工业化社会迈入知识文明社会是人类发展的必然趋势，而广东要建设幸福广东，要让老百姓过上幸福生活，就必须由物到人，以人为本，要回归到人的需要。人对幸福的需求是多元的，从对生存的基本要求发展到对生活品质的追求，包括物质和精神的多个层面。

第二节 发展幸福导向型产业引领产业转型升级

紫南村的经济发展，重点在发展第三产业和现代服务业——商贸、物流、出租业、饮食业。事实证明，以潘柱升为代表和领头的村“两委”的这一决策是富有远见卓识的，抓住了产业转型升级的新机遇。

产业转型升级是紫南村实现可持续发展的关键。与传统农村相比，紫南村由于受城市化进程的影响，更具有发展第三产业和现代服务业的地理位置优势以及政策优势。紫南村抓住南庄镇提出“打造现代服务业重镇”的机遇，利用紫洞路、季华路、广明高速等交通基础设施建设带来的优势，以“效益、带动、共赢”进行新产业空间布局，通过“四个轮子一产业”发展第三产业和现代服务业。

“四个轮子”即带动紫南村经济发展的紫南商贸城的四个组成部分（紫南美食城、农贸市场、超市、紫南员工村），由村委会出资1亿元分两期建成，于2009年7月4日正式开始运作。秉着“错位招商、老租客优先租”的招商理念，紫南商贸城共有110多户商家进驻，铺位全满，客户遍布全国各地。农贸市场有着自己的蔬果安全检测机制，已发展成为佛山唯一一个绿色零售市场。紫南商贸城不仅有产也有城，可以与原村媲美的紫南员工村吸引了大量外来经商者以及务工人员，“产业、城市、人居一体化”使得紫南村的潜在内需得到很好的挖掘，形成了“经济—人口—消费—经济”的区域内生性经济协调可持续发展。

继紫南商贸城之后，紫南村以“效益、带动、共赢”进行新产业空间布局。既“招商”也“择商”，只有能够带动紫南村土地升值、村民就业的企业，能够在紫南村形成产业链条的企业，能够给自己和紫南村带来长远效益的企业才可以进驻。秉着清晰的招商引资定位，紫南村先后建成易运物流基地、水暖器材城、餐饮营业市场等专业市场，形成产业黏性空间，实现紫南村产业业态的升级与可持续发展。

围绕产业转型升级，创建“智慧紫南”。紫南村将实现光纤全覆盖、智能公厕、智能公交站点、智能家庭病床等。2014年投资7 000多万元全面建设改造村行政服务中心、停车楼、村内河涌、公园等，如村头村小组，建成1 000米的环村大道、1 380米的环村河涌、六大主题公园；充美村小组，建成两大岭南风格的江南园林式公园，湖心公园设有瞭望台、长廊、苏式小桥；高田村小组，勾画一个80亩的人工湖，建立2.7亩的湿地公园等，村容村貌焕然一新。

紫南村的产业转型升级，正是顺应了广东省“十二五”规划中广东产业转型的目标和方向——发展幸福导向型产业。

【链接】

发展幸福导向型产业，引领广东产业转型方向

——广东省社会科学院产业经济研究所课题组

后危机时代，全球面临新的文明转型和产业大变革大调整，随着人们日益关注发展对人本价值的回归，以人类幸福最大化为根本动力的复合型新兴产业群将成为下一轮科技和产业革命的领头产业。因此，在新一轮科技和产业革命爆发前夜，面对新的全球大调整的机会，我们必须洞察人类文明转型与产业变革的先机，围绕人由“生存”到“发展”的多元幸福诉求，“以人为本”选择战略性新兴产业的突破口，率先发展幸福导向型产业，抢占全球产业链制高点，加速实现转型升级。可喜的是，汪洋书记在广东省第十一次党代会报告中提出要“大力发展幸福导向型产业，引导转型升级的方向”，这既是我省瞄准全球产业革命新趋势、继续争当全国改革开放排头兵的战略举措，也是跨越“中等收入陷阱”、加快转型升级、建设“幸福广东”的必由之路。

一、幸福导向型产业是广东产业社会“双转型”的重要战略支点

（一）发展幸福导向型产业有助于促进广东加快产业转型升级

纵观近代世界科技和产业革命变迁史，三次科技和产业革命主要是通过物质和能量两种资源实现了人类生存实践的机械化、电气化和自动化，提高了人类改造自然的物质生产力，扩大了生产和生活半径，但其本质始终没有脱离追求经济利润最大化、追求物质财富高速蓄积的模式。大量事实证明，建立在旧工业文明

和物质经济之上的传统工业化模式，不但导致人类陷入人与自然冲突的生态危机，更导致了人与人冲突的社会危机、人与自身心灵冲突的精神危机。特别是本轮全球金融危机后，全球经济复苏前景不明，主权债务危机雾霾不散，不少国家政治危机与经济危机相伴而生，人类总的生存环境正日益恶化，强烈呼唤新的科技进步与产业革命。历史经验表明，几乎每一次科技和产业革命，都起源于那个时期人类社会面临的主要矛盾。因此可以预计，下一轮科技和产业革命的领头产业，必定是能够破解上述三大危机、更加关注“人”的全面发展、以追求人类幸福最大化为根本动力的一组新兴产业群，如生命健康产业、绿色低碳产业、时尚创意产业、智慧化社会管理云服务、智慧文化产业等。这类产业以网络化、低碳化、智能化的复合型高科技手段为依托，以深刻的人文关怀为重心，通过促进物质生产力与精神文化生产力更加紧密地结合与渗透，形成新的“幸福生产力”系统，这将引发一场新的产业和技术革命的高潮，引领人类迈向一个人与自然、人与社会、人与自身三重和谐的新时代。因此，在新一轮科技和产业革命爆发前夜，面对新的全球大调整的机会，广东必须洞察人类文明转型与产业变革的先机，率先发展“幸福导向型”新兴产业，抢占全球产业链制高点，实现“高端崛起”，并为跨越“中等收入陷阱”开辟新途径和突破口。

（二）发展幸福导向型产业有助于促进广东加快社会与城市转型升级

经过30多年的快速发展，广东经济总量已经位于全国前列，人均GDP已达到世界中等偏上收入水平。然而，以往片面追求GDP的传统发展模式所导致的各种突出矛盾日益激化，如两头在外的产业链升级乏力、贫富差距拉大、资源环境压力等问题集中爆发，原有的传统发展机制和增长模式已无法有效应对由此形成的系统性风险，若处理不好，极有可能陷入“中等收入陷阱”而停滞不前甚至倒退。在这个关键节点上，广东要成功跨越“中等收入陷阱”，必须让经济社会发展的目标回归到“人”本身，围绕民众对体面、尊严、高质量的“幸福生活”的迫切需求，“以人为本”选择新兴产业成长的突破口，大力增加以健康、绿色、智慧为特征的“幸福导向型”新兴产业的有效供给。这不仅有助于从高起点加快转型升级，做大做好高质量的“蛋糕”；而且，更能通过“幸福导向型”新兴产业的发展与应用渗透，强化转型升级的目的依归和价值导向，使人们的生活更加舒适便捷、健康安全、精致时尚、和谐愉悦，更加充分享受到现代文明与技术进步的丰硕成果，从而为分好“蛋糕”、化解当前日益尖锐的社会矛盾奠定坚实的物质基础和高端的产业平台，撬动物质生活水平、社会管理水平、文化软实力和整体文明水平的全面提升，全力增强人民群众的幸福感。

二、广东率先发展“幸福导向型”新兴产业的总体思路

在全球面临新的文明转型和产业变革重大突破、广东进入经济社会全面转型关键期的大背景下，要超越传统的单纯以追求物质经济增长和效率提升为目标导向的产业发展路径，把“对人本价值的回归”作为产业发展的核心取向，以满足人们的“幸福生活”需求为引领，超前谋划未来广东的新兴产业发展路向，优先发展“幸福导向型”新兴产业，以新兴产业的突破性成长为“幸福广东”建设提供“硬支撑”。

（一）“幸福导向型”新兴产业的发展动力要从“以物为重”转向“以人为本”，回归人的自身需求

传统粗放型产业发展模式的动力过度偏向于追求物质生产力的提升和物质财富的快速积累，导致重生产轻生活、重发展轻环境、“重物轻人”，造成人的生存发展与自然资源供给能力和生态

环境承载能力的矛盾日益凸显和尖锐。未来广东新兴产业成长突破的动力必须回归人的自身需求，把“以人为本”作为产业发展的根本目的和根本动力。广东要从“民生幸福”角度出发，更多地考虑人的生存快乐和内在需求问题，加快发展节能环保、生物医药、公共安全智能监控等与重大民生需求密切相关的“幸福导向型”新兴业态，在新产品设计和新服务开发中注入更多的人文理念，促进生活的改善和幸福感的增强，为解决当代社会物质财富日益增加而社会危机频发、人的幸福感流失等发展危机找到一条全新的产业支撑途径。

（二）以人由“生存”到“发展”的幸福需求，引领“幸福导向型”新兴产业形态的变革

从本质上看，新兴产业的成长和新技术的变革源于人类由“生存”到“发展”的幸福需求的强大推动。人的幸福需求是具有层次性和阶段性的，由追求衣食住行等基本生存需要的满足、精神生活的享受与愉悦，再到追求人自身的自由全面发展，由低而高上升和展开。广东应充分利用人们对幸福生活的多元需求所释放的巨大产业空间，既优先发展生命健康、绿色低碳、食品智能溯源感知等提高生存满意度的新型“幸福产业”，又积极培育宽带数字娱乐、智慧化社会管理服务、数字教育云服务等满足人们精神生活与自我实现需要的新兴产业形态，不断提高人民群众的物质文化生活水平。

（三）顺应从“数量”到“质量”的幸福追求，提升“幸福导向型”新兴产业的层次

经过30多年的经济发展，广东民众已经基本实现温饱和初步小康，人们对幸福有了新的、更高的期待，所追求的不再是物质“数量”而是生活“质量”，更加关注高品质的精神生活和自我提升。因此，在新兴产业的选择上，应摒弃以往片面追求“规

模型”或“数量型”经济增长的思路，要以改善民众生活质量为出发点，以高品质的幸福需求引领和带动时尚产业、创意设计、智慧文化产业等知识、技术、文化密集型新兴产业的发展，形成高端化的需求—供给良性互动成长的格局，促进民众幸福感质的提升。

（四）从“追效率”转向“重公平”，发展全民共享的“幸福导向型”新兴产业

传统的发展方式过于强调“效率至上”而忽视社会公平，导致社会矛盾凸显，压低了民众的幸福感。广东未来新兴产业的选择与培育，要以让最大多数人生活幸福为前提与归宿，围绕建立效率与公平统一的“幸福广东”，着力发展智慧化公共服务、智慧医疗与社保服务、智慧乡村服务等全民共享的“幸福导向型”新兴产业，依托物联网、云计算等先进技术手段推动公共服务资源向广大城乡延伸，缩小不同群体之间的差距，让人民群众能够公平分享发展成果及发展机会，使社会各阶层幸福相处。

（来源：张勇主编《幸福广东蓝皮书2012》）

第三节　幸福导向型产业的生动实践

2008年，紫南村开始精心构筑紫南人的以第三产业和幸福导向型产业为主线的产业美丽蓝图。

一、打造紫南商贸圈

紫南商贸城是由佛山市禅城区南庄镇政府立项，紫南集团投资兴建的一座集农副产品、日用百货、娱乐休闲、居住、餐饮为一体的大型商贸中心，也是目前南庄镇内规划最合理、硬件设施

最齐全的商贸圈之一。紫南商贸圈由农贸市场、超市、紫南员工村、紫南美食城四部分构成。紫南商贸城地理位置优越，位于季华一路、紫洞公路交会处，距佛山一环季华路出口处不到1公里。紫南商贸城规划总占地8万平方米，总投资4 000多万元，首期开业面积达4万多平方米，其中室内经营面积16 000多平方米，室外经营面积10 000多平方米，服务范围为12平方公里。

2010年，紧随区、镇对“三旧改造”的战略调整，紫南村充分利用得天独厚的区域优势和便利的交通优势，牢牢把握第三产业的发展机遇，投资近100万元对紫南商贸城进行改造，打造成佛山市首家超市式农贸市场、省级农村文明集市和市级诚信市场，得到国家、省、市、区、镇等各级领导和工商局的肯定和称赞，表示希望这种农贸市场的信息化和超市式管理模式在全市得到推广。香港食物环境卫生署也专门到紫南市场进行考察交流学习，表示市场的设备完善，运作顺畅，咨询资料非常丰富，他们在这里可以学到很多可以借鉴的经验。紫南商贸城二期工程于2011年6月开始动工。

二、建设易运物流基地

2012年，围绕禅城区委、区政府提出的“强中心”、打造“精品城市”发展战略，新的南庄易运物流基地生逢其时；同时南庄镇政府也提出了以禅城港区为龙头，以系列专业市场为支撑，发展生产性的服务业和现代化物流业，积极完善各项基础配套设施，打造现代服务业重镇。这也为易运物流基地的升级提供了广阔的发展空间和大展身手的平台。

南庄易运物流基地是由政府立项，佛山市易运物流市场开发有限公司投资兴建的大型物流基地。项目投资超过3亿元，总占地面积近1 000亩，位于禅城区南庄季华西路与紫洞南路交会处，其间季华路、佛开高速、广明高速、禅西大道等交通网络立体环绕，距佛山一环高速季华西路出口仅 1 分钟车程。地理位置优越，交通网络四通八达，不受限行限货的交通管制。基地项目整体规划设计为五大功能区，分别为零担区、仓储配送区、生活休闲娱乐区、现代化办公区、大型停车场，堪称佛山规模最庞大、交通最便捷、功能最齐全、联动最迅速、理念最先进的物流市场。这是一个立足佛山、辐射珠三角、面向全国、连接世界的规模化、规范化、信息化、智能化，集第三方物流的专业物流市场。

三、建设佛山国际陶瓷卫浴城

佛山国际陶瓷卫浴城于 2010 年 10 月开业。该城总投资达 6 亿元，占地面积 390 亩，总建筑面积超过 30 万平方米，由 4 栋高层商务楼和 40 余栋两层专业市场组成，铺位数达 1 500 个。佛山国际陶瓷卫浴城定位为国内最大、最具特色的陶瓷卫浴城。

陶瓷卫浴城定位为国内最大的陶瓷卫浴产业商贸专业市场，吸引了佛山、广州、中山、开平乃至福建的商家签约入驻，成为佛山建材行业商贸的黄金区域。

陶瓷卫浴城是南庄镇政府重点工程项目之一，位于南庄规划的物流园中，其集产品展示、商贸交易、办公、仓储物流于一体的规划设计，正符合南庄产业重构的目标。陶瓷卫浴城的落户，可看作季华路商贸业西延的标志性事件。

目前，首期 546 家商铺已经交付，入驻率达 85%，提供就业岗位 1 500 个。2015 年 1 月 9 日，佛山国际陶瓷卫浴城二期开始动工，面积为 6 万平方米，三期面积 20 万平方米，包括集商、住、游于一体的大型一站式购物广场，也在 2015 年下半年动工开建。陶瓷卫浴城采取国际领先的网络式街区设计，设有星级酒店、大型会议中心、餐厅以及银行、电信等相关商务及行政配套设施。佛山国际陶瓷卫浴城董事长王移趁表示，建成后的陶瓷卫浴城年销售产值为300亿元至500亿元，税收超亿元。未来将继续致力于打造“全球采购中心、陶瓷卫浴总部、品牌孵化基地、信心交流中心”，使该城成为佛山最大的陶瓷卫浴城等建材商的总部集聚地之一。

四、打造岭南美食产业

兴建美食城，是紫南村“两委”班子对地理位置、文化内涵等综合考量之后的又一步产业战略选择。紫南村的第三产业后劲不足、缺乏相应产业支撑是紫南村的现实困境。如何让紫南村快速形成三产腾飞的局面，美食城的拉动和带动效应不容忽视。在所有的三产要素中以美食城带头，必将整合其他要素实现紫南村三产的全面腾飞，同时，美食城的建设也会促进三产的全面升级。

2012年3月开门试营业的紫南美食城是南庄镇新兴的一个饮食集中地，落成不到半年，所有的餐饮商铺已出租完毕。紫南美食城位于紫南商贸城的南侧，占地20亩，总经营面积18 000平方米，有4 000多个餐位，总投资2 600多万元，主体建筑共有三层，室内经营面积约20 000平方米，在美食城外还设有6 000平方米的开放式中心广场及大型停车场。

以前，南庄镇的饮食商圈主要集中在吉利城区，其他地方上规模的餐饮店并不多，而且比较分散。2010年，紫南村开始规划在紫南建成南庄另一个饮食商圈的宏图。经过认真而大胆的规划和建设，引入了新叙福酒楼，在2012年又引入了另一大型餐饮项目——投资6 000万元建成的桃园一品食府，该项目位于紫南商贸城的对面，占地12亩。

为了将紫南美食城打造成品牌饮食商圈，提高美食城的知名度，紫南村联同城内众多商家举办美食节，从而打响招牌，吸引了更多的客流。另外，紫南村还把紫南饮食商圈进一步扩大，在现有美食城的对面进行二期开发，以吸引更多高素质的饮食企业进驻，全面打造南庄最大的饮食商圈。2014 年 2 月，紫南美食城被佛山市食品药品监督管理局评为“佛山市饮食服务安全示范街”，成为南庄镇首个获此殊荣的美食城。

为推动第三产业和现代服务业的进一步升级，2013 年，紫南村引进投资 2 000 多万元、可承接省级赛事的高标准羽毛球训练基地项目，2014 年 10 月，引进投资 1 亿多元的岭蓝水乡国际水会，现已正式投入使用。2015 年，紫南村又引入贤德国际广场、紫南海产城、易运物流三期等多个商业项目，推动村级经济加速发展。这些产业项目都充分助力紫南村的经济腾飞，向第三产业和幸福导向型产业转型和升级。

在未来的产业转型升级中，紫南村将继续坚持以城市规划和产业规划为引领，推进紫南产业形态和产业业态全面升级，促进“产业、城市、人居”的全面发展，努力实现智慧紫南、幸福紫南，齐心协力形成跨越式发展的良好局面。

第五章

社区融合——幸福村居的开放发展

"老居民，新居民，来到紫南就是一家人；本地人，外地人，在紫南工作就是紫南人。"紫南村紧扣"社区融合"核心理念，努力把村居打造成为"群众自治、管理有序、设施配套、服务完善、生态和谐、文明祥和"的新型生活共同体。

第一节　社区融合的核心理念

社区治理最重要的是提高居民的文化素质，培育社区共同精神，促进社区融合和社区重塑，健全社会融合机制，增强社区新老居民、本地人和外来人的合作共建意识。社区融合的核心理念，就是打造社区新老居民共同参与社区活动的平台和载体，引导社区户籍人员和外来人员积极参加社区活动，在社区文化交流中消除隔阂、扩大了解、增进感情，增强新老居民对社区的文化认同感。

一、社区融合促进外来人口融入社区

广东省中山市是国内集群经济发展最快的地区之一，产业集群向镇村延伸，吸引了大量异地务工人员在农村工作生活，改变了农村人口结构。目前，中山市常住人口 315 万，其中外来人口占 53%，超过 70% 的行政村外来人口与本地村民出现倒挂，社区已经是一个陌生人的、多元化的社会。外来流动人员在农村发展中的话语权不强，加之工作压力较大、居住流动性增加，社区归属感和认同感不强。

针对基层社会治理面临的问题，中山市自 2008 年起启动农村社区建设工作，成为广东省第一个农村社区建设试点地级市。为拓宽异地务工人员社区参与渠道，中山市自 2012 年起在外来人口集中的社区，试点聘任优秀异地务工人员为村（居）委会特

别委员，每村2~3名。特别委员由村（居）代表或辖区异地务工人员推荐，经村（居）民代表大会选举产生。目前全市已有89个村居聘任特别委员，总数达252人。特别委员制度实施仅仅一年多时间，特别委员就参加了村（居）委会议400多次，参与涉及异地务工人员权益事项的讨论500多项。如南头镇南城社区的特别委员在调研中了解到，部分异地务工人员由于子女不能在本地入学，工作很不安心，便立即将这个问题提交社区讨论。在社区和镇政府的努力下，该社区引入了民办华晖学校，社区500多名异地务工人员子女的入学难题得到解决，群众欢欣鼓舞。

从目前国内的情况看，外来人员社区参与渠道普遍不够畅通。以选举为例，户籍不在本村的居民申请参加选举，必须经村民大会或者村民代表大会同意，但对于村级经济发达、村民身份附加利益众多的沿海地区，这种“同意”无疑成为一扇玻璃门。在外来人口集中的社区，试行村（居）委会特别委员制度，让外来人员代表直接参与流入地的社区决策，是对社区融合和民主参与路径的创新。

二、社区重塑培育社区共同精神

社区重塑不是简单的社区“改造”，不是仅限于社区硬件的改造和形态的重塑，它注重社区软件的重塑和社区公共空间功能的增加，使生活于不同区域、类型和层次社区的新老居民、本地人和外来人，在文化交流、社区互动交往中均能享受社区重塑之后的和谐、温馨，均能感受社区的美好生活。社区重塑就是要面对社会分化和变迁因素对社区共同体的破坏，强化社会团结意识，重建社会团结的文化，重建人们之间的相互信任关系和相互接纳包容意识，加强社区新老居民之间的凝聚力和向心力，真正把社区建设成人们互相关怀的新型生活共同体。

社区人际关系的重塑，是社区重塑的一个重要环节。邻里关系和邻里网络是社区这一地域生活共同体最基础的关系和网络。即便是在注重血缘关系的传统中国社会，人们也意识到“远亲不如近邻”。在现代城市社区中生活的人们，许多居民非亲非故，且在不同的组织或机构任职，但又同住一个社区成为邻里。日常生活中的交往产生了邻里间的情感联系，共同的生活境遇也要求建立友善和睦的邻里关系。19 世纪 80 年代，英美国家城市社区工作者和志愿者率先开展“社区睦邻运动”，动员利用社区内的各种资源，建立社区睦邻组织，为社区提供服务，尤其注重培养居民的社区参与和互助精神，着力培育社区发展的内在动力，在改善市民生活方面作出了很大的贡献。

国内不少地方在社区文化建设中，已开始通过举办“社区邻居节”等方式打造睦邻文化，这是重建社区公共空间的有效探索。深圳市罗湖区在全市首创中秋“社区邻里节”，全区 106 个老年人协会、390 多个社区社会组织及驻社区单位、学校参与，开展系列活动 115 场，项目 500 多个，参与居民达 5 万人，20 多家社会组织的 30 多名专业社工获邀作为活动观察员。罗湖“社区邻里节”获得了社区居民的一致赞誉，在罗湖这个外来人口占 70% 的现代化城区，拉近了社区邻里之间的距离，促进居民相识相知、融合融洽，由“生人”变“熟人”。

第二节　社区融合的生动实践

紫南村委会在村民代表大会上明确提出，村委会的中心工作之一是要积极促进本地人与外来人的融合。为此，他们搭好四大公共服务平台。

一、区域化大党建平台

紫南村的成功经验是通过村党委与企业单位组建联合党组织，以区域化大党建平台促进社区融合。

按照中央、省、市关于党要管党、从严治党、大抓基层党建的部署，根据佛山市委提出的“大党建、大服务、大治理”的理念，紫南村以“统筹力量、共享资源、沟通党群、融合社区”的工作思路，构建以紫南村党委为核心的“1 + N + X”区域化党建新格局，有效推动了幸福村居的全面建设。

紫南村辖区设联合党委 1 个，成员党组织共 10 个，党员合计 262 名。其中，村党委 1 个，下设 4 个党支部，有党员 148 名；村“两新”组织联合党支部 1 个，党员 29 名；其他党组织 8 个（强辉陶瓷有限公司党支部、尼罗建材有限公司党支部、市第九小学党支部、易运物流基地联合党支部、岭蓝水乡酒店管理有限公司党支部、紫南幼儿园党支部、联祥水暖阀门总部基地党支部、佛山绿康医院党支部），党员 85 名。

紫南村共建区域化大党建平台的主要做法和成效如下：

（一）推动基层党组织升格，强化领导驾驭能力

“火车跑得快，全靠车头带”，紫南村以党组织升格为起点，全面推开区域化党建的各项试点工作。2015 年紫南村党支部正式升格为紫南村党委，下设村头、紫北、群星和永澳等 4 个党支部。紫南村由原来一个支部 140 多名党员重构优化为每个下设支部平均 30 余名党员，细化了党员的教育和管理，强化了党组织的领导核心作用，进一步提升了基层党组织在基层社会治理的驾驭力、凝聚力和号召力。

（二）建立区域化党建常态机制，凝聚发展合力

1. 建立联席会议制度，科学民主决策

一是定期召开会议。紫南村党委主动约请镇驻村领导干部、直联团队、驻村党代表、辖区内工青妇及其他群团组织代表等人员，参加辖区党建联席会议，共同研究区域内党建、经济发展、社会事务、服务群众等工作的重点、难点问题，统筹辖区内各组织开展社会性、公益性等各项活动和服务，研究解决实际工作运行中的问题。定期组织村党小组分组讨论民生、环境等议题，村“两委”干部只听不说，广泛听取党员的声音，吸收各方面的信息以便决策。

二是增加决策透明度。挑选 100 名企业主和 300 名村民，每次约请其中的 10 名企业主和 30 名村民以及联合党委成员、村“两新”组织联合党支部的党员等列席党员大会或村民代表大会，提高村“两委”工作的透明度，增强辖区内各阶层的凝聚力和向心力。

三是促进工作规范化。建立健全切合实际的区域党建工作制度和机制，进一步完善紫南联合党委的议事决策、党员教育管理服务、党务公开、联系服务群众等规章制度，利用《紫南之窗》等村务公开平台加大宣传，逐步提高区域党建工作水平。

2. 深挖辖区党建资源，形成共建合力

一是深入调查摸底。紫南村党委派出两个党建调查小组，深入到辖区各行各业进行调查摸底，了解各行业的党建情况，全面掌握辖区内党建情况，做到情况清、底子明。

二是挖掘党建力量。指导条件成熟的易运物流基地、岭蓝水乡酒店管理有限公司、紫南幼儿园、联祥水暖阀门总部基地等四个“两新”组织成立党组织。

三是创新党建工作方法。根据辖区实际，紫南村党委突破常规做法，采取“三同步”（即“项目引进和党组织设置同步筹划、项目建设和党组织建设同步落地、企业服务和党员教育管理同步开展”）工作法，指导佛山绿康医院有序成立党支部。通过不断挖掘，促进党建力量发展壮大。

四是整合党建资源。在不打破村居党组织原有运行机制的基础上，搭建了一个以紫南村党委为“1”、辖区内的各类企事业单位党组织为“N”、其他组织和个人为“X”的“1 + N + X”党建新模式，进一步整合和提升了党建力量，为推进区域化党建工作打下坚实基础。

（三）以群众需求为导向，提升服务民生水平

紫南村党委围绕辖区内经济发展、城市建设和社会治理的需要，突出以本土企业、村民和外来人员为重点，找准服务企业和群众的切入点，以群众需求为导向，制作了《紫南村服务需求清单》，发挥“1 + N”的资源优势，结合区、镇两级的组织、民政、宣传、工青妇等机关部门的《特色服务资源目录和区域服务清单》，活化市、区“双联系”，镇在职党员到村居报到和本土企业家“沙龙”等机制，广泛引入“X”力量，搭建了一个全方位、立体化、全覆盖的“大服务”平台。

一是以区域内各党组织为服务点，设置了救助学生、帮助孤寡老人、维护社会治安、调解邻里矛盾、联系非公企业和个体工商户、义务讲师等多个类别的志愿服务岗位。推行“组团式服务”，定期组织举办“关爱老人日”“技能大讲堂”“志愿者服务日”等活动。

二是发挥“党员志愿者服务 + 专业社工服务”的阵地作用，提高党建、行政和社会资源的综合运作效率，为区域内党群组织

和广大党员开展基础服务和便民服务等活动提供便利。组织新组建的绿康医院党员医疗队伍对紫南辖区群众开展义诊活动，造福一方百姓。

三是加强村组环境卫生建设，改善紫南村容村貌。成立紫南市政管理处，对辖区内的环境卫生实行统一管理，将工作责任落实到各区域的党组织、村小组，责任到党员、到户，并于每个季度组织党员代表进行巡视，对各项工作进行打分，较好地解决了村环境综合治理问题。

四是重视对教育的投入和管理，扩建紫南幼儿园，增建市第九小学西校区学生宿舍楼。充分利用区域化党建沟通平台，解决辖区外来人员子女入学难问题。联合党委各成员单位按照片区收集企业员工子女的入学需求，并将需求情况及时反馈给紫南村党委，由村党委进行统筹并与学校协调，2015 年共协调解决 60 余人的入托入学问题。

五是搭建沟通平台。积极组织区域内和区域外的党组织、党员、居民群众参与交流互动，至 2015 年，已连续六年邀请本地企事业单位和友邻村居党组织举办“紫南商贸杯”男子篮球赛等，消除彼此的陌生感，增进友谊，共同营造和谐、快乐的村居氛围。

（四）加强党员教育管理，共抓社会治理

1. 联管党员队伍，加强党员教育管理

紫南村党委充分运用区域化党建信息平台，实时掌握区域内党组织和党员基本情况、教育资源情况，优化整合教育资源和活动阵地资源，实行分类教育，强化动态管理。

一是引导本村的机关、企事业单位在职党员到村报到登记，并组织开展相关主题活动和公益活动，完善反馈制度，把在职党

员在居住地的表现反馈给有关单位作为党员评价的参考内容之一。

二是依托党员干部现代远程教育网络，市、区党建政务网站等媒介加强党员学习教育管理工作。探索网上组织生活会模式，利用现有的紫南党建 QQ 群的资源优势，定期定主题在区域范围内共同开展组织生活会，搭建区域内党员网上交流平台。建立区域党组织内的党课教育、接转组织关系、党费缴纳系列制度。

三是建立党员志愿服务活动考评激励机制，对表现突出的党组织和党员个人进行表彰奖励。

四是建立以流入地党组织管理为主、流出地和流入地党组织共同管理的流动党员双向管理制度，通过对辖区内特别是 4 个专业市场、员工村等人口密集地进行流动党员信息登记造册，统一编入联合党委进行教育管理，推动“两新”党组织党员属地化管理及到村居报到活动，强化区域内全体党员的教育管理。

2. 共建管理体系，打造安全社区

一是在条件成熟的区域，特别是联合党委成员单位中的“两新”组织和新成立的村党委下属四个党支部，建立以村民小组、工业园区、楼院等为基础的非建制性党组织，把辖区单位在职党员、退休党员和流动党员编入非建制性党组织，作为“楼、组、片”党员活动小组的一种新模式。

二是加强和协调片区办公用房和服务性场所建设，建好小广场、体育中心等公共配套设施。

三是实施技防加人防的信息共享治安管理模式，加强辖区单位在管理上的互动，在全村区域实行封闭式门禁管理，主要路口安装视频监控，统一管理外来人员，在紫南员工村、工业园区等实行 IC 卡智能化管理，共同维护辖区安全。

二、文化交流平台

文化交流是形成社区认同感与归属感的重要途径。在城乡一体新型社区治理实践中，紫南村不但注重社区居民生产生活方式和新社区管理模式的重建和变革，还特别注重社区文化培育和社区环境美化，努力营造和谐文明的社区氛围，积极促进本地人与外来人的城市融合机制的完善，促进向新型社区的转型与和谐发展。

2013 年 10 月，紫南村委会出资 200 多万元建设的紫南文化广场落成。广场位于佛山市第九小学西校区对面，占地面积 2 300多平方米。新落成的紫南文化广场，背邻河涌，分为中央广场、舞台、两侧小广场等区域，中央舞台 100 多平方米，舞台两边还安装有两个大型的 LED 显示器，可与舞台中央同步连续播放。广场四周绿化齐全，并在中央广场设置有四个观众区域，可同时容纳 1 000 人观看表演。村民纷纷表示：“我们平时在村小组跳舞，现在广场落成后，我们会在这里健身、跳舞，这里有全套的音响和 LED 显示器，条件好得很。”

总建筑面积达 3 400 平方米的紫南村文化中心大楼在 2015 年 6 月投入使用，中心二、三、四楼分别设置有诗社创作基地、儿童活动区、图书阅览室、曲艺社、舞蹈室、青少年活动室、康体室、手工坊、个案室、培训室等，文化中心大楼投入使用，使紫南人的文化生活更加丰富、更加精彩，紫南人也笑得更加灿烂、更加甜美。

紫南村专门为外来务工人员修建的紫南员工村，不仅是居住的场所，同时也是员工开展文化娱乐活动和提升自我的空间。紫南员工村内开设职工“心灵驿站”，职工书屋、心灵驿站、职工培训中心、工会义工服务中心四位一体的服务体系，为广大员工提供涵盖生活、就业、身心、亲子等多方面的服务，面向全体外来职工，以“家”的温馨和温情服务职工：一是依托心灵驿站，定期开展压力舒缓、身心调节等心理讲座和团队拓展训练，已有近千人受益，既提升了职工的团队合作能力，增强了企业的凝聚力，又舒缓了职工的心理压力，调整了职工的工作生活状态，让他们能以更轻松的心态、更良好的状态迎接新一轮工作的挑战；二是依托工会义工服务中心，开展阳光义教和开设多种兴趣班，为职工家庭分忧解难，还特别为暑假“小候鸟”们开设了丰富多彩的兴趣班，如手工坊、绘画班、亲子游乐园、功夫班等，解决了外来务工人员的后顾之忧，受到了他们的热烈欢迎；三是依托职工培训中心，开展多种技能资格证培训，如开设插花师、茶艺师、点心师、化妆师的技能培训课程，职工们反响热烈，纷纷报名，共有200多名职工参加了培训课程，并考取了相应的技能资格证书，这些培训课程丰富了他们的业余生活，培养了他们的技能，且扩展了他们的就业面；四是依托职工书屋，将涵盖面广、内容丰富的图书免费提供给职工阅读，提升其综合素质和文化水平，为企业培养全面发展的创新型人才奠定基础。

三、专业社工服务平台

紫南村在社区成立家庭综合服务中心，作为专业社工服务平台，服务辐射周边村组的村民和外来务工者。为此，紫南村每年要花费20万元购买专业社工服务，为企业外来员工和村民提供专业化、职业化社会服务。

家庭综合服务中心是佛山市禅城区首个在村级引入专业社工模式的社会服务阵地，是团区委探索青年社会服务的试点。中心以老年人为重点服务对象，以青少年、志愿者为核心服务对象，建立集预防、保健、康复、健康教育等于一体的基层服务体系。

该中心于2015年6月投入使用，使用面积3 500平方米，引入专业社工模式，并结合党团建设，大力开展各类社工活动，辅助弱势人群、关爱青少年成长等，这些活动不但有效化解了基层矛盾，促进了社区融和，而且在开展农村党建、团建和社会管理创新工作等方面也走出了一条新路。村民良伯说："我经常跟老友到这个服务中心的健身室锻炼，聊聊天，看看电视，消磨消磨时间，挺好的。一到星期六，村里有不少人都会过来这边，有专门的师傅教打拳、教跳舞，村民自己不用掏一分钱。"

构建专业社工服务平台，是紫南村积极探索"三社联动"模式的创新实践。"三社联动"的主要内容是探索在城乡社区建立党委政府、社会及居民互联互促互动的"三元治理"新模式，充分发挥社区的基础平台作用、社区社会组织的服务载体作用、社会工作专业人才的骨干作用。推动"三社联动"是社会运行和社会组织结构的重大创新，是政府职能转变和基层社会治理的重大创新。其主要治理思路是：

一是在党委政府层面：积极搭建社会化参与平台，大力培育社会化参与主体，将政府向社会组织购买服务落到实处，实行公益项目外包化和社会组织服务项目化，促进政府职能的转变，为推进社区居民自治和社会力量参与社会建设搭建平台、腾出空间。

二是在社会层面：通过建立共驻共建评价机制，引导社区社会组织和专业社会工作者承接服务项目，完善社区居民自治的各项制度，强化社会力量参与社区治理的意识。

三是在居民层面：通过强化社区村（居）委会的自治功能，实现居民群众的再组织化，健全社区骨干带动下的居民自治队伍，大力开展公益服务、志愿活动，培育"全民参与、集体共识、公平包容、遵守法制"的社区精神，调动居民群众参与社区建设的积极性和主动性。

通过“三社联动”，可以更好地完善社区治理和服务体系，实现社区、社会组织和社会工作的深度融合，形成社区服务供给新格局。大力培育社区服务性、公益性、互助性社会组织，通过简化登记手续、实行直接登记或备案管理、设立培育基金和孵化场所等方式，促进社区社会组织健康有序发展。通过直接资助、以奖代补、政府购买服务、公益创投等方式，支持社区社会组织参与社区公共事务和公益事业，发挥社区社会组织在扩大群众参与、反映群众诉求方面的积极作用。着力加强专业社工人才队伍建设，逐步增加社区组织、社会组织吸纳使用专业社工人才的数量，积极推动社会工作专业理念、知识、方法在社区工作中的普及应用，有效回应社区居民的服务需要，把社区建设成为人民群众共建共享的幸福家园。

四、民主协商平台

有效的社区治理要求社区参与主体形成互动网络，并为利益诉求“流通”搭建民主协商互动平台。紫南村通过构建民主协商平台，充分调动社区党员和社区居民共同参与社区管理的积极性。紫南村的具体做法：

一是定期召开党员议事会和党员座谈会，就社区日常管理中的具体问题征求党员的意见和建议。

二是成立党群服务中心，一方面可以调动老党员的积极性，和居民谈心，为群众排忧解难，这也迎合了农村居民喜欢“走门串户拉家常”的习惯；另一方面让听取居民意见不再是表面文章，而成为实实在在的行动，不仅让居民有亲切感，而且让收集群众意见建议的渠道更为畅通和直观。

三是开办村报《紫南之窗》，搭建一个与村民和外来员工长期沟通的桥梁、民主协商的阵地。《紫南之窗》每月一期，每期分为村建、村务、经济、教育四个版面，免费发到全村家家户户和大小厂企的外来员工手中，村里大小事务都在这张报纸上公开刊发。这份让村民自己做主、不请专业人士办的报纸，大大调动了村里群众参与的积极性，同时也办出了质量、办出了特色，成为村民了解村务以及政策的窗口，也成为村干部了解群众心声的视窗。该报目前已经出了59期，成为紫南村务公开、支部建设、发展农村民主的重要平台，拉近了干部与群众的距离。自此，社区党组织和社区管委会的工作走上民主监督的轨道，社区重大事务和事关群众切身利益的事项都纳入民主协商的范畴。

第三节　促进融合是幸福村居的内在要求

幸福村居不是一个封闭体系，它的建设是一个开放融合的过程。促进本地人和外来人的融合，是社区建设中一个长期而艰巨的任务，也是幸福村居的内在要求。

佛山市南海区桂城街道创建“熟人社区”促进融合的经验和做法值得借鉴。

【链接】

创建“熟人社区”　打造幸福桂城

如何让居民熟起来、邻里守望相助，从而增强对社区的认同感和归属感？2011年8月，桂城街道正式启动创建“熟人社区”，所有的社区服务、文化建设、社区活动等都致力于提供“熟人社区”平台，让左邻右舍从认识到熟悉，为的就是让生活在这片土地上的人找到家的归属感。

几年来，随着创建活动的深入开展，“熟人社区”理念逐渐深入人心，推动桂城各社区向社区自治方向迈进。

走在桂城街道的大街小巷，有心人会发现，“熟人社区”的提法处处可见。自桂城街道社区管理处启动创建“熟人社区”以来，其理念已逐渐深入人心。

“‘熟人社区’指的是随着商品化住宅的发展，在陌生人社会中的城市社区里，通过社区组织形式多样的活动等，而回到老式里弄邻居相互的熟稔与关照。”桂城街道办事处有关负责人说，“熟人社区”作为桂城街道社区管理的重要抓手，将成为一项长期工作，为此，桂城街道每年划拨专项经费，用以支持该项工作。

创建“熟人社区”，就是通过社区活动倡导邻里之间建设良好的互动关系，从认识邻居开始，使社区成为一个互相熟悉的人居住的环境，从而使居民增强对社区的认同感和归属感。“让他们住在桂城、爱上桂城，对桂城有家的感觉。”

在这个过程中，基层党组织发挥了核心作用。一方面，他们创新管理方法，引领社区居民共同打造“熟人社区”平台；另一方面，在搭建平台的过程中，注重发挥党员先进和模范作用，培育党员骨干和社区领袖，让他们加入社区管理、社区服务，最终成为社区自治的骨干力量和精英群体，为社区自治打下良好的基础。

1. 搭建居民融入社区的平台

“创建熟人社区，本质上就是政府搭台、居民唱戏。”桂城街道社区管理处负责人介绍，在此过程中主要从社区服务、社区文明创建、社区管理体制等方面，全面推进“熟人社区”的创建。其中，尤其以社区举办的丰富多彩的活动最受居民欢迎。例如，近年来，桂城街道社区管理处组织了“让邻里更有情”红歌会、社区“老友记”才艺展演、社区羽毛球赛、社区乒乓球赛等，吸引了许多居民的参与，让居民在活动中认识新朋友、结识好邻居。而在各个城市社区里，还有不少“自选动作”，如桂园社区的长者日托服务中心、叠二社区的关爱事务所、江滨社区的读书会、大德和海逸社区的美食汇等，为居民提供了许多融入社区的平台。

2. 对“熟人社区”进行评级

事实上，桂城街道一边创建“熟人社区”，一边总结经验。最近，桂城街道社区管理处正在修改《创建“熟人社区”　打造幸福桂城》工作方案，明确下一步的工作目标。

根据方案，从2012年开始，桂城街道将用五年的时间，全面落实“熟人社区”创建方案，逐步提升社区居民自治能力，如完善居民自我服务体系、培育社会组织、规范居民自治制度等，到2017年，社区居民自治达到一定水平。其中，在加大政府财政投入的同时，也鼓励和引导各类社会资金参与社区建设，建立多元化的社区建设投入机制。现阶段正着手准备注册“熟人社区”称谓，成立桂城“熟人社区”创建研讨会，建立“熟人社区”服务网站等。

下一阶段，桂城将对“熟人社区”创建工作进行评估。结合硬件和软件，在社区环境、社区管理、社区服务、社区文明、社区安全和社区参与六个方面设置指标，并根据考核和评分结果对“熟人社区”进行评级，引导“熟人社区”的建设不断深化。

（来源：http：//www.nanhai.gov.cn/cms/html/8649/2012/20120925100719737232034/20120925100719737232034_1.html）

第六章

生态社区——幸福村居的绿色发展

树立绿色发展的理念，“绿水青山就是金山银山”。以潘柱升为代表和领头的紫南村“两委”，始终坚持“生态立村”、创建“国家生态村”的高标准发展原则，高瞻远瞩，带领全体紫南人开展生态社区建设的伟大实践和伟大创造，推动紫南村的发展并站在时代发展的制高点上，构筑人人共享、人人拥有健康的生态共同体。

第一节　生态概念的历史考察

一、生态的概念

“生态”（Eco－）一词源于古希腊，原意指“住所”或“栖息地”。19 世纪中叶以后，其具有了现代意义，主要是指自然界诸系统之间交错复杂的关系。如今，生态的概念已经渗透到各个领域，“生态”一词涉及的范畴也越来越广，人们常常用“生态”来定义许多美好的事物，如健康的、美好的、和谐的事物均可冠以“生态”一词加以修饰。

不同文化背景的人对“生态”的定义会有所不同，多元的世界需要多元的文化，正如自然界的“生态”所追求的物种多样性一样，以此来维持生态系统的平衡发展。其实，简单地说，生态就是指生命共同体。

何谓生命共同体？习近平在《关于〈中共中央关于全面深化改革若干重大问题的决定〉的说明》中谈道：“我们要认识到，山水田林湖是一个生命共同体，人的命脉在田，田的命脉在水，水的命脉在山，山的命脉在土，土的命脉在树。用途管制和生态修复必须遵循自然规律，如果种树的只管种树，治水的只管治水，护田的单纯护田，很容易顾此失彼，最终造成生态的系统性破坏。由一个部门负责领土范围内所有国土空间用途管制职责，对山水田林湖进行统一保护、统一修复是十分必要的。”

这段话说得很深刻。人的命脉在田，但是田不是孤立的，田的命脉与山、水、土、树、湖等都有直接或间接的关联。人和整个环境是息息相关的，共同处于一个生命共同体中，如果我们对这种生态的关联性和整体性认识不足，就很可能违背生态规律，破坏生态平衡，最终搬起石头砸自己的脚，人类将付出巨大的代价。

人类的生态思想可谓源远流长。古代人类聚居地多数规模小且靠近大自然，人类对居住区规划建设注重与自然环境的结合，如《宅经》中提出的“天人合一”思想是古代人与自然和谐共处的凝练表达。中国的风水学说提倡住宅和聚居地形式要根据外部的生态环境来构建，如元大都建设体现了人工环境和自然环境的融合等，这种在选址、布局、绿化等方面自发考虑生态平衡要求的聚落建设，是朴素生态学思想的萌芽。

18 世纪的英国思想家怀特是近代西方系统表述生态思想的第一人。其出版于 1789 年的《塞尔波恩的自然史》，既是英美自然史学说的奠基之作，也为现代生态学的研究提供了最早的代表性观点。怀特把塞尔波恩近郊作为观察点，发现他所看到的一切构成了一个复杂的、处于变化中的统一生态整体，而每一种存在都对那块天地的稳定运行具有重要意义。据此，怀特得出堪称给现代生态学奠基的重要结论：“自然是一个伟大的经济师！”怀特的生态学概念包含的另一个重要成分是，发现、享受自然间田园式的和谐，指出自然的经济体系神秘而完美，仿佛“嘲弄着人类欲知其详的自尊”。

生活于 19 世纪中叶的美国伟大浪漫主义生态思想家梭罗，

则被认为是把田园道德论发展为近代生态哲学的主要代表人之一。和怀特一样，梭罗坚持人类必须学会使自己去适应自然的秩序，而不是寻求推翻自然或者改变自然。这位备受今人景仰的思想家提出值得每一个后来人深思的问题：“是地球要由人来改善，还是人打算生活得自然一些，从而也安全一些?”美国生态史学者唐纳德·沃思特在《自然的经济体系——生态思想史》一书中说：“这些人热切地感到，失去了自然的富有活力的洪流的接触，就是邀请疾病进入他的体内，导致灵魂的衰亡，因此，不与生态共同体连接在一起，就会有缺陷，就会生病，就会破碎，就会死去。”唐纳德·沃思特得出如下深刻结论：像梭罗这样的浪漫主义者们“不可避免地要与人文主义的道德传统发生冲突。人文主义者几乎可被称为反自然主义者”。唐纳德·沃思特指出，“在浪漫主义的信仰中最能共同接受的主题，是把自然当作一种精神源泉，赋予它至高无上的地位”。显而易见，自然主义的“绿色生态”与反自然主义的“以人为本”形同冰炭、水火不容。

1898 年英国社会学家霍华德提出“花园城市”理论，认为人类居住的理想城市应既有良好的社会经济环境又有美好的自然环境。这一理论被公认为生态社区思想的萌芽，标志着人类开始冷静地思考人类居住区“人—自然”的关系，社区生态意识开始觉醒。

二、生态社区概念的内涵和特征

20 世纪 20 年代巴洛斯和波尔克等人提出“人类生态学”，把生态学思想运用于人类聚落研究，生态社区思想的雏形开始形成。20 世纪 30 年代至 40 年代，生态学原理开始运用到城市社区的规划以及社会群体的产生、渗入、过滤等过程。20 世纪 50 年代，寻求“人—社会—环境”和谐的人本主义思想被提出，人们对社区的功能进行了新的探索。1963 年希腊学者道萨迪亚斯建立了人类聚居学学科，着重研究城市居民与其生态环境的复合关系，力图创造适合人类居住和工作的聚居环境。1967 年美国的麦克哈格所著的《设计结合自然》首次将生态价值观带入城市设计，强调了自然环境因素在社区土地规划中的重要作用，这也标志着生态社区建设的重要内容——生态建筑学的奠基。

20 世纪 70 年代以来，随着生态意识的进一步觉醒，国际性的绿色运动兴起，生态社区思想的发展也开始加快。1972 年斯德哥尔摩联合国人类环境会议的召开成为生态社区理论发展的重要里程碑。会议发表了《人类环境宣言》，明确提出“人类的定居和城市化工作必须加以规划，以避免对环境的不良影响，并为大家取得社会、经济和环境三方面的最大利益”。

1976 年联合国在加拿大温哥华召开的第一届联合国人类住区大会上成立了联合国“人类聚居委员会”（CHS）和联合国“人类住区中心”（UNCHS），开始关注从城镇到乡村的人类居住社区的发展，并认为“人类住区不仅仅是一群人、一群房屋和一批工作场所。必须尊重和鼓励反映文化和美学价值的人类住区的特征多样性，必须为子孙后代保存历史、宗教和考古地区以及具有特殊意义的自然区域”。

1977 年发表的《马丘比丘宪章》，把城市规划的目的定为创造一个多功能的生活环境，强调生活环境和自然环境的和谐。

1985 年德国建筑师格鲁夫针对现代都市一味追求生活便利与效率而牺牲自然环境与人性化特色的“都市型社区”，提出了与环境、人文共生的城市“生态型社区”的模式。1987 年出版的布伦特兰报告——《我们共同的未来》提出了“可持续发展”的概念，很快受到国际社会的重视和广泛认同，并迅速成为生态社区思想的核心理念。1996 年 6 月联合国在伊斯坦布尔召开了第二届联合国人类住区大会，会议的目标在于探讨两个具有全球性重要意义的主题，即“人人有适当的住房”和“城市化世界中的可持续人居住区发展”。而联合国人类聚居委员会认为，今后人类的居住地都要逐步改造成为当代和子孙后代持续发展的基地，就是要以人们可以承受，而又不影响生态平衡的方式来满足所有人类的居住要求。

1991 年，丹麦大地之母（GAIA）信托基金出版《生态村报告》，正式提出生态村的成形概念，并且列举出地球上已有的以及为了寻求现代文明出路而做出尝试和加以实践的生态村。到 2001 年，欧洲共有 57 个生态村落。

今天，绿色生态思想已成为日益改变整个人类思想观念和生活方式的一种国际思潮。绿色生态思想的广泛传播，促成了一系列国际环保组织的成立，推动着国际环境保护运动的蓬勃发展，为新世纪人与自然的和谐共存、为人类社会实现可持续发展指明了正确方向。

社区的功能不应仅停留在解决“住”的问题上，还应为居民创造清洁、舒适、健康、自然的最佳生态环境。建设新生态功能社区——生态社区成为 21 世纪新型社区建设的目标和方向。

生态社区的基本内涵包括五个方面：第一，环境冲击性，不产生新的污染，节能降耗；第二，自然亲和性，选址须不破坏脆弱的自然地貌；第三，居住的健康和舒适性，把健康放在首位；第四，经济的高效性，统筹考虑社区全生命周期的经济合理性；第五，社会和谐性，强调居民共治。

1942 年在巴黎出版的《雅典宪章》——第四次现代建筑国际会议（CIAM）所制定的都市计划宪章，已经提示了人民应享有良好的环境、日照权、通风权，以及排除受环境污染、噪音侵害的基本环境权。如果缺乏适当的管理机制，负面的外部性问题将更加严重，最终导致环境的恶化与资源的枯竭。在这种情形之下，为了维护环境与生态体系的平衡，一方面应通过立法赋予人民享有并维持良好生活环境之权利与义务，以保护环境；另一方面必须重建以“新型社区”为主体的新型人际关系，使人们在使用环境时能相互尊重。

在《雅典宪章》一书里所描绘的人类理想居住地是：“位于良好区位、通风良好的建筑物，不受寒风侵袭，视野良好，可以远眺优美的风景、湖泊、大海、高山等，而且也具有充分的隔热保暖设备。”优良的区位往往为高级住宅所占据，这也正说明了人类本能的渴望是找寻一些生活条件和大自然结合、具有优良品质且对身心有益的地方；稳定平衡且少污染的生态环境，即人类的理想居住地。

第二节 生态社区建设的生动实践

紫南村把创建国家级生态村工作作为生态社区建设的载体和平台，将创建工作融入到日常工作和村规中。

一、村“两委”班子高度重视和切实做好国家级生态村创建工作

一是成立创建工作领导小组。成立了由党支部书记潘柱升任组长、村“两委”会成员任副组长的创建工作领导小组，把建设和谐社会、创建国家级生态村摆在重要位置，并在镇相关部门的支持和配合下，制订了《南庄镇紫南村申报创建国家级生态村工作方案》，做到有责任、有分工、有协作，确保国家级生态村的创建工作规范、有序开展。

二是调动全村力量参与创建。创建工作时间紧、任务重、责任大，需要全体村民的共同参与和支持，村“两委”多次组织召开全体党员、村民代表、企业负责人扩大会议及村民代表议事会议等，并利用广播、标语、条幅等多种形式广泛开展宣传、教育和动员活动，开展校园垃圾分类宣传工作，提高村民、企业以及学生对创建国家级生态村的认识，动员全村的力量踊跃投入到建设的行动中来。

二、科学编制规划，描绘生态建设蓝图

规划是发展的灵魂和龙头，生态村的创建工作是提高农村环保工作水平、促进农村生态环境向可持续发展道路前进的有效途径。为达到创建目的，紫南村始终坚持环境规划高起点。根据上级有关生态建设的要求，结合紫南村实际，以科学发展观为指导，专门组织班子研究编制了《紫南村生态文明建设规划》，使编制的规划既充分考虑资源开发利用和环境保护相互协调的重要性，又正确处理好经济发展与生态环境保护的关系，确保所制订的环境规划具有前瞻性、科学性和可达性，进一步明确村今后发展的方向，提出“三园一产业链”的发展模式，勾画出生态村的蓝图。

在规划指引基础上，紫南村进一步明确经济发展和生态环境保护的关系定位，提出紫南村特有的招商引资理念：紫南村很在乎会生金蛋的鸡，但我们更在乎村的环境和村民的健康，如果引进企业要用村民的健康来换取，那我们绝对不会引进。我们只选取“优质的鸡”到紫南。

正是由于紫南村坚守这一绿色发展理念，在改善生态环境上所付出的努力也得到了应有的“馈赠”。村里物业租金由每平方米 20 元上升至现时每平方米 100 元，越来越多的民营资本“相

中”紫南村的环境优势，一批能“生金蛋”的“优质的鸡”被吸引进来，生态环境的改善，使紫南村具备了“选商引资”的底气。卓越年华家具展馆、马来西亚尼罗陶瓷有限公司总部、长信酒业总部、水暖器材城、佛山杜邦鸿基薄膜有限公司等知名企业先后落户紫南，易运物流基地、桃园一品食府、岭蓝水乡国际水会以及永利酒店等第三产业陆续进驻，“三园一产业链”的生态蓝图正见雏形。生态环境的改善，在带来经济收入的同时，也使紫南人保护环境的意识得到增强，紫南人骨子里形成一种保护环境、爱护生态的习惯，保护环境意识在潜移默化中形成。自觉维护门前卫生清洁、保护村内河涌水质已是紫南人生活中的一项平常、自觉的工作，紫南人已不舍得对环境造成一点破坏，已不舍得为宁静的环境带来不必要的打扰。

三、开展专项整治工程，建设优美生态环境

紫南村按照建设国家级生态村的要求，以“村容整洁、环境优美、水质洁净、空气清新、适宜人居”为宗旨，开展一系列整治改造提升工程，从根本上优化村内的生态环境和空气质量。

一是实施产业的整治提升工程。紫南，作为南庄的村庄，不可避免地拥有过大量陶瓷企业，但通过产业调整，以壮士断腕的气魄关停了村内两家陶瓷企业，仅保留了先后被评为中国驰名商标、广东省名牌产品、广东省百强民营企业以及获得首批广东省清洁生产企业称号的强辉陶瓷有限公司；在全市率先推开村级工业区整治，编制《紫南村村级工业区“一村一策”环境整治提升方案》，科学指导村级工业区整治工作，完成园区乱排乱放、乱占乱搭等现象的整治，关停或搬迁企业 22 家，改造提升企业 5 家，投入 500 万元，完成粤丰工业园区污水管网建设，实现园区管网雨污分流，紫南成为市、区整治示范点。

二是实施水环境综合整治工程。正所谓“源清则流清，源浊则流浊”，治外先治内，早在2012年，紫南村已在污水处理工程上做大投入、花大力气，从地下到地面统筹规划，投入1 800万元改造15个自然村60公里的地下污水管道，完成道路污水主干管网建设，实现管网雨污分流、统一纳污，并与城市污水管网对接、污水引入南庄污水处理厂统一处理，成为全镇乃至全区第一个村级污水管网基本实现全覆盖和生活污水集中处理的村。在整治管网的同时，紫南村开展对村内河涌的修复工作，对村内各大小河涌进行了进一步的前期规划勘测工作，投入350多万元对河涌全流域进行清淤，通过治理使河涌变深、变宽，河水变清；投入800万元，在河涌两岸建设石护栏、观光平台以及开展复绿工作，彰显全村河涌的生态价值。

三是实施农业生态整治工程。为整治全村禽畜养殖污染问题，紫南村在2011年制定了《紫南村环境卫生管理自治规定》，明确村内不养鸡、猪等禽畜的规定，全面改善村内环境；同时，实施鱼塘投包合同制，规定辖区内所有鱼塘及用地严禁搭棚建舍，杜绝饲养，依法治理河涌、合理使用鱼塘和农用地，有效遏制村内生态恶化。在2014年，紫南村更是在全市率先提出“只种叶菜，不乱搭棚”的新农村生活方式，对全村环境进行美化包装，实施“庭院型”新村建设模式，大胆地从根本上改变了传统的农村建设模式和农村生活方式，对全村面貌和农民思想观念的改变产生了重大而深远的影响。同时，紫南村利用村内原有鱼塘，在全村范围内打造各具特色的绿色休闲农家乐，塘泥种菜，菜梗养鱼，菜、鱼供吃，类似桑基鱼塘的生态模式在紫南得到了保留。

四是实施绿化美化工程。绿化是一座城市的外套，更是一个村的底蕴和内涵。紫南村在绿化美化工作上，连续六年每年投入不少于1 000万元的资金在改善村容村貌、扩建道路等基础设施改造方面，全村拥有16个绿色休闲公园，新增绿化面积约22 500平方米，人均绿化面积已达到40.42平方米，使紫南村的底蕴和内涵得到极大丰富。

（图片来源：紫南村委会）

五是实施民生设施升级改造工程。在美化、绿化全村环境的同时，紫南村更是开展民生设施的升级改造工程：总投入超1.2亿元建设紫南商贸城，并将其打造成为全国绿色市场、佛山市首家超市式农贸市场、省级农村文明集市，解决村民每日饭桌食物安全问题，而紫南商贸城农贸市场的信息化和超市式管理模式，更是得到国家、省、市、区、镇等各级领导的肯定和称赞，并吸引香港食物环境卫生署到访交流学习。同时，投资60多万元建起紫南村辐射范围最广、规模最大、设施最完备的公交站场，并引入K1、168路公交线路，填补紫南片区的公交空白，满足村民以及外来居住人群的出行需求，营造了村内优越的交通环境；投入1 000万元打造全区第一个楼高五层的村级专业停车楼，解决村民出入商贸城停车难问题；并以创建“智慧紫南”为目的，实现了村内光纤覆盖、路灯全节能，建设了24座村内智能公厕、22个智能公交站点，改造提升了南庄医院紫南社区卫生服务站以及村级行政服务中心，通过进一步完善和丰富村内民生设施，使村民足不出村就能享受城市般的便利生活。

这就是紫南村能和南海松塘村、顺德逢简村一并被评为“最美乡村”的根本原因。紫南村在八年的时间内，始终将生态和文明贯彻在发展的全过程中，现时的紫南村，已达到了生态村建设的要求，也达到了文明村的标准，紫南村的每一个角落都散发着生态文明气息，而在十八大提出生态文明建设的目标后，紫南村更加坚定地将生态文明的宗旨贯彻下去，将生态文明作为村发展的目标。

第三节　生态社区是幸福村居的必然趋势

在生态文明观的实践指导下，幸福村居的环境建设目标必然是建设生态社区、构筑生态共同体。紫南村的发展站在时代发展的制高点上，正在构筑人人共享、人人拥有健康的生态共同体。

一、生态共同体的目标

面对人为的各项资源利用对环境造成的冲击，许多规划者致力于将生态保护、永续发展观念纳入规划理念之中，因而产生了“生态国家”（Eco-nation）、“生态城市”（Eco-city）、“生态社区”（Eco-community）、“生态村庄”（Eco-village）、“绿色城市”等一连串的规划理念，此理念即源于人类无法脱离自然生态的基础（在人造生态圈“ecosphere”梦想尚未实现之前，这样的依赖恐怕还要持续很长一段时间)，一如上述《雅典宪章》一书里对人类理想居住地所描绘的。根据此理念，生态社区规划的目标是设计出满足居民需求又不破坏生态环境的“绿色生态社区”，其目标是：①建立安全、健康、有地方特色的社区；②通过公众自主参与，落实社区自治；③社区资源（包括实质环境资源、文化资源及经济资源等）永续利用；④社区多样性（包括生物多样性、文化多样性）永续发展；⑤“减量（Repress)、再使用(Reuse)、回收（Recycle)”之3R政策落实；⑥“绿色消费”之实现。

生态社区规划理念，体现在社区设计上则是要尊重自然，维护社区的健康与永续发展。

二、生态共同体的路径选择

1. 推动公众积极参与生态社区的建设

生态社区不仅是一个物质空间概念，更是一种生活的状态。因此，调动公众主体的积极性是生态社区实现的关键。生态社区其实是我们每个人的各种正向需求的集合，但大多数人还未认识到这些需求的答案就是生态社区。因此我们需要做的是唤醒和告知。

首先，公众只有明确地获得了相关环境信息，才会自发产生生态建设的热情和需求。要鼓励公众参与，信息公开是第一步。美国、日本、法国等发达国家的政府都有明确的环境信息披露制度和公开的、详细的环境信息数据库，公众可以非常方便地充分了解与环境相关的信息。在实现信息对称的同时，要通过宣传和教育告诉公众正确的生态应对策略和实施途径。其次，通过切实的政策规范（建立一定的奖惩制度等)，鼓励公众投入到生态社区的建设中去，增加民众的参与热情。总而言之，调动公众积极性，是一个长期的过程，政府需要从多个方面多角度切入，逐步引导和培养。

2. 制定和完善生态社区建设的相关评价指标和技术支撑体系

国家环保总局在全国开展了“绿色社区”创建活动，制定国家、省、市等各级“绿色社区”创建的考核和评价指标，一般而言，评价指标包括基本条件、环境质量、环境建设、环境管理和公众参与等方面。中国的“绿色社区”创建本质上是政府推动、基层参与的活动，更侧重社区组织管理的内容。

生态社区评价指标体系（Evaluating Indicator System of Ecological Community）是为了反映社区的生态建设过程、水平和可持续性而设计的。因为对生态社区概念理解的差异性，生态社区评价指标体系也不尽相同。总体而言，生态社区评价指标体系具有科学性、系统性和综合性的特点，包括评价主体、指标框架、指标值和综合评价方法等内容，覆盖了社会、经济、环境、建筑等方面。生态社区建设本身对社会循环经济体系的构建是一种重要的激发。生态社区建设可以拉动包括建筑材料、建筑部品、家用电器、交通工具等在内的整个产业链条的升级。生态社区建设会逐步建立起相应的规范和标准，在这些规范和标准的背后，是一整套管束建设行为的法律规范和产品标准体系。因此，生态社区建设会基于生态原则性的、共通的评价指标体系，引导相关技术、部品、设备各自创建自有体系且反映各自特点，从而逐步建立起一个相互关联、协同作用的绿色建筑产品产业链条。从经济行为的角度看，一条符合生态标准的建筑产品产业链条的生成，不仅可以有效降低生态社区的建设成本，也有助于促进区域经济的健康发展，从而将生态社区的建设与区域经济的可持续发展联成一个有机的整体。

3. 加强生态价值观及生态安全的环境教育

加强生态价值观及生态安全的环境教育是实现生态社区建设

与发展的核心前提。首先需要大力宣传，其次是正确引导，通过政策和宣传促进价值观改变。更重要的是，通过这些示范项目的建设，让人们实实在在地体会、了解生态社区的优点，也由此让宣传体现出更强的说服力，从而引导社会中产生更多的符合生态社区理念的项目实践。这在一定程度上也将促进生态社区的理念完善和发展。国内中学教学法研究者郝本瑞等建议，环境课应在义务教育阶段独立开设，以使我国 21 世纪公民从小就接受系统、良好的环境教育，树立起强烈的环境意识。

《地球誓词》中有这么一句话："我宣誓：我将竭尽全力为使地球成为当代和后代人安全而宜人的家园而作出贡献。"在我国很多人并不知晓这句话的含义，更谈不上身体力行了。如果能通过宣誓而达到环境教育的目的，将使人们进一步认识到人类对自然和彼此所采取的不良行动是造成满足人类需求和保证生存发展所需要的环境与自然资源日益被破坏的根源。

我们应该记住："地球只有一个，但世界却不是。"我们大家都依赖着唯一的生物圈来维持我们的生命，但当每个社会、每个国家为了自己的生存和繁荣而奋斗时，很少考虑对其他国家的影响。按有些国家消耗地球上资源的速度，留给后代的资源将所剩无几，而为数多得多的其他一些国家虽然消耗量远远不足，他们的前景却是饥饿、疾病、贫困和夭折。

展望未来，可以预见未来的人类居住环境将是一个复杂的生态巨系统。它将利用人类的最新科技成果完善自己；未来的人类社区将在城市化、数字化、智能化、生态化的趋势下运作；"未来的人类社会会有未来摩天城、未来新市镇、未来新郊区、未来虚拟城、未来太空城……"但最根本的是，未来城必须结合自然设计，方能突显新型社区的新生态和新健康功能——健康、舒适、高效、和谐，唯有如此，才能真正适合于未来人类的生存与发展。

第七章

社会保障——幸福村居的共享发展

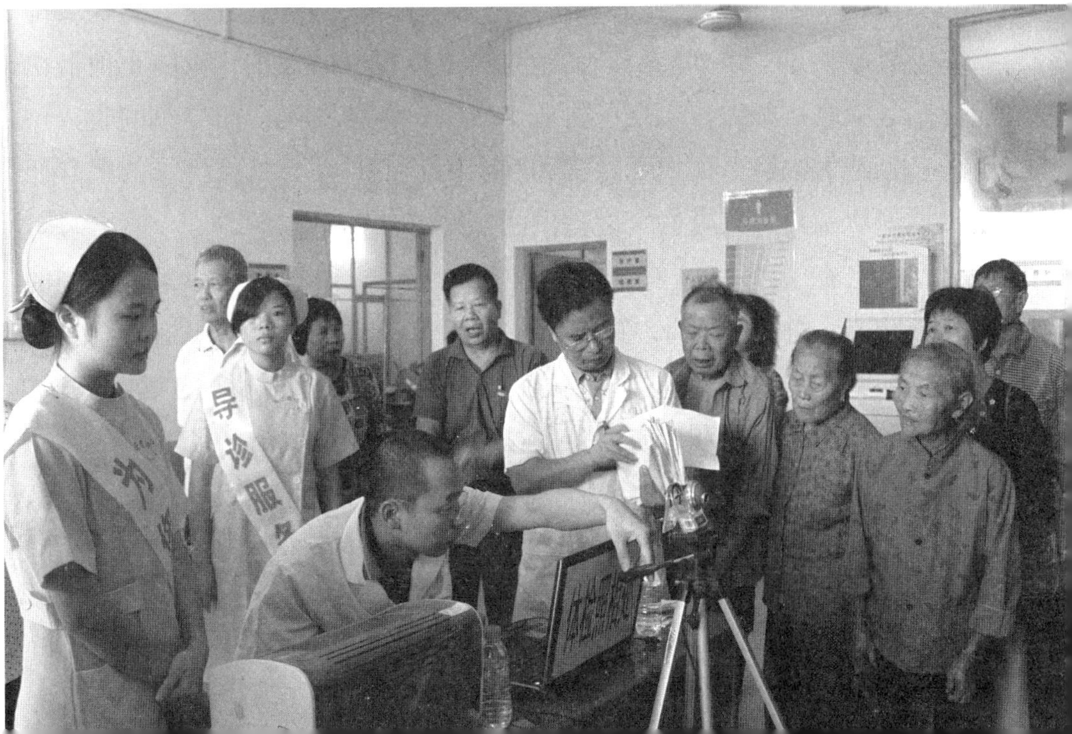

"照顾好老年人，培养好下一代，引导和鼓励年轻一代去创业，不要坐等分红，紫南的发展成果不是用来养懒人的。"这是潘柱升的治村之道。构建紫南人的全民社会保障体系，充分体现了村"两委"班子的前瞻性。紫南村把村集体收益的相当部分都投入到人民生活中去，不以分红作为衡量村"两委"工作的唯一标准，而是着力提升全体村民的幸福感，开启紫南村民共享发展的新时代。

第一节　社会保障的概念内涵

"社会保障"（Social Security）一词最早出自美国1935年颁布的《社会保障法》。美国1999年出版的《社会工作词典》将社会保障定义为："一个社会对那些遇到了已经由法律作出定义的困难的公民，如年老、生病、年幼或失业的人提供的收入补助。"《新大不列颠百科全书》对社会保障的定义是："社会保障是对病残、失业、作物失收、丧偶、妊娠、抚养子女或退休的人提供现金待遇。"国际劳工局对社会保障的界定是："社会保障即社会通过一系列的公共措施对其成员提供的保护，以防止他们由于疾病、妊娠、工伤、失业、残疾、年老及死亡而导致的收入中断或大大降低而遭受经济和社会困窘，对社会成员提供的医疗照顾以及对有儿童的家庭提供的补贴。"

在中国，一些学者根据自己的理解也给社会保障下了不同的定义。陈良谨教授在《社会保障教程》中将社会保障定义为："国家和社会，通过国民收入的分配与再分配，依法对社会成员的基本生活权利予以保障的社会安全制度。"①

① 陈良谨．社会保障教程．北京：知识出版社，1990.1.

葛寿昌教授在《社会保障经济学》中认为，“社会保障是社会（国家）通过立法，采取强制手段，对国民收入进行分配和再分配形成社会消费基金，对基本生活发生困难的社会成员给予物质上的帮助，以保证社会安定的一种有组织的措施、制度和事业的总称”[①]。

郑秉文、和春雷在《社会保障分析导论》中认为，“社会保障是与社会主义市场经济的体制基础相适应，国家和社会依法对社会成员基本生活予以保障的社会安全制度”[②]。

郑功成教授认为，“社会保障是国家依法强制建立的、具有经济福利性的国民生活保障和社会稳定系统；在中国，社会保障应该是各种社会保险、社会救助、社会福利、军人保障、医疗保健、福利服务以及各种政府或企业补助、社会互助保障等社会措施的总称”[③]。

由此可见，社会保障是指国家通过立法，积极动用社会各方面资源，保证无收入、低收入以及遭受各种意外灾害的公民能够维持生存，保障劳动者在年老、失业、患病、工伤、生育时的基本生活不受影响，同时根据经济和社会发展状况，逐步提升公共福利水平，提高国民生活质量。社会保障作为一种国民收入再分配形式，是通过一定的社会保障制度实现的。紫南村将由法律规定的、按照某种确定规则经常实施的社会保障政策和措施体系称为社会保障制度。由于各国的国情和历史条件不同，在不同的国家和不同的历史时期，社会保障制度的具体内容不尽相同。但有一点是共同的，那就是为满足社会成员的多层次需要，相应安排多层次的保障项目。社会保障成为现代国家一项基本的社会经济制度，是社会安定的重要保障，也是社会文明进步的重要标志。

---

① 葛寿昌．社会保障经济学．上海：复旦大学出版社，1990.

② 郑秉文，和春雷．社会保障分析导论．北京：法律出版社，2001. 1.

③ 郑功成．社会保障学．北京：商务印书馆，2000. 9.

第二节　全民社会保障开启紫南共享发展新时代

社会保障是民生之安，关系着每一个人、每一个家庭的福祉。

就社会保障而言，中国需要执行的是一个从规模上来说史无前例的任务：编织一张横覆 13.5 亿人口，纵贯养老、医疗、就业、社会救助和福利的安全网，将这个经济高速发展的国家包在里面，缓冲各种经济失速与不平衡带来的风险。

紫南村在中国村居建设层面构建全民社会保障体系上先行一步。

“不争土豪村但求幸福村”，在具体的实施过程中，紫南村“两委”充分表现出前瞻性。有很多村子，虽然经济发达、分红很高，但是村集体缺乏资金，整体的社会管理水平比较滞后，公共事业非常落后，村容村貌脏、乱、差，发展遇到了瓶颈。紫南村“两委”深刻地意识到，在发展经济的同时，在保障村民分红逐年提高的前提下，必须对部分资金进行提留，集中力量办大事，方能构建新型社会共同体，方能实现可持续发展。分红不是检验紫南发展成效的唯一标准，总体来看，紫南目前已经实现了“幼有托、老有养、病有医、居则安、住则美”的共享发展新局面。

一、老有所养，老有所乐

为了给村民带来更多的社会保障及社会福利，紫南村“两委”决定在落实好医保之后进一步改善社保。经过反复研究，2010 年，村“两委”作出了重要决定：出资 500 万元为全村的村民购买新农保和全征地养老保险，对在单位购买了企业职工社保的村民进行补助，实现了全民社保。现在，紫南村的退休老人每月都能拿到378元。与此同时，紫南村老人的补贴金也逐年提高，从最初的每人每月50元，提高到如今的每人每月350元。

完善的社会保障体系，让老人们快乐无忧地安享晚年。每年村里都举行团拜会，老人们都会伸出颤抖的手，感谢潘柱升："谢谢你给紫南带来了幸福，这在2007年，我们想都不敢想。"潘柱升却谦虚地说："这都是我们应尽的本分，你要感谢政府。如果还有什么要求，你们就提，村委会一定会想办法解决。"老人们说："我们已经很满足了，如果能有老人活动中心就更好了。"对这个要求潘柱升听在耳中，记在心中。

没过多久，紫南村就修建了第一间老人活动中心，该中心功能健全、管理完善、设备先进、服务优良，室内宽敞明亮，给老人提供康乐、健身、学习等各种服务。老人们对中心各种设施很感兴趣，纷纷排着队逐一尝试，个个脸上都乐开了花。中心设有健身室、棋牌室、电视室、乒乓球室、佛山市联合图书馆分馆，健身娱乐器材充足。此后，紫南村又兴建了三间老人活动中心，老人们每日欢聚于此，喝茶聊天，乐此不疲，真正使老有所养延伸为老有所乐、老有所为。

二、病有所医，医有所保

没有健康，就没有小康。为了彻底解决看病贵的问题，2009年，在潘柱升的主导下，紫南村实现了全民参保，大大减轻了村民因为看病带来的压力。接着，他又和南庄医院算了一笔账，看紫南村民一年在医院要花多少钱。"以村民一年看病的金额为基准，由村里进行购买服务，这样村民看病就方便了很多。"

62岁的村民刘伯是个老病号，患有气管炎，经常去看病，因为部分药不在一次报销名录里，拿药再加上打点滴，每次都得花上近50元。但如今，刘伯只须出示身份证，花4块钱的合作医疗起付诊疗费就全部搞定了。

二次医保获得了村民的好评。2010年下半年，紫南村进一步与南庄医院合作推行住院二次医保，村民凭身份证到南庄医院住院只需交400元，医保范围内的药费、床位费等费用全免。这样，即使是在花费巨大的ICU病房住上一年，也只需要象征性地交上400元即可。这真是村民看病，村委“睇数”。

在紫南村，病有所医还有一个重要的内涵，那就是病有所防。一方面，是良好的居住环境和健康的生活方式，可以让村民不生病，或者少生病。另一方面，是村民的健康意识的提高，这一点，在每年免费的老人体检上效果最为明显。65岁以上的老人，每年都会有一次免费体检，以往部分老人不肯体检，这就难以做到老人健康管理，如今，由于宣传到位，参加免费体检的老人明显增多，便于对老年人的健康进行管理和跟踪。

潘柱升认为，“如果没有了二次医保，没有了全民社保，确实可以多一点分红，但只要有一点病痛，几万元很快就用完了。而且，如果居住环境不好，也会影响村民的身体健康，现在这些钱不但能保证村民的福利，还能改善村居环境，如此才能真正提高村民的幸福感，才能让他们有归属感，才能真正达到村民间的和谐”。这体现了潘柱升的高明和远见。如今，他的这种远见被越来越多的村民认同。

三、幼有所学，学有所教

紫南村“两委”十分舍得在教育方面投入。2011年2月，为解决村中幼儿的上学难问题，紫南村投资近800万元，建成一座按省一级幼儿园标准建设的新紫南幼儿园。新紫南幼儿园位于紫南小学旁，占地面积约 4 500 平方米，设有大、中、小三个等级的幼儿园班级，可容纳 500 多名幼儿入园。园内幼儿生活学习设施齐备，配有科学室、图书室、音乐舞蹈室、户外体育运动场等教学设施，并配备良好的师资队伍，为幼儿创设愉悦、宽松的成长氛围，使他们的身心得到健康发展。该幼儿园的投入使用，极大方便了紫南、紫洞、湖涌三个村的幼儿入园。

（图片来源：紫南村委会）

紫南村对紫南小学的投入更大。2008 年，紫洞村、湖涌村两村的孩子都集中到紫南小学上学。为改善学校的办学条件，从 2012 年到现在，紫南村共投入 1 000 多万元，先后对紫南小学的礼堂、运动场、户外体育设施、绿化广场、校巴接送站等进行改造。此外，紫南村又对原有的学校饭堂进行改建，改建后的综合楼一楼为饭堂，二楼为高标准室内篮球场。

学校除了对硬件的投入大，软件建设也不松懈。连续几年，紫南、紫洞、湖涌三个村每年总共投入了 10 万元进行奖学奖教，对成绩优异的学生和表现突出的教师进行奖励。此外，每年的六一儿童节，村里也会出经费支持学校搞活动，教师节则上门座谈，了解学校的困难和需要。

要想提升村民子女的素质，留住投资者和高层次人才，紫南小学的教学素质必须大力提升。近年来的资金投入，只能解决硬件问题，而对于一所学校来说，教育水平并非一朝一夕可以提升的。怎么办？潘柱升马上想到了资源重组，与名校佛山市第九小学实现合并。

位于卫国路的佛山市第九小学文化底蕴深厚、学校管理水平高、教师队伍素质高、教学质量优异，但面临着学校面积狭小、校舍设施老化的难题，面积不到 9 亩的校园容纳了近 1 300 名学生。而紫南小学，面积达 50 亩，学生却仅有 800 多名。近两年来，紫南村投入 1 000 多万元对该校硬件进行改造，但教育理念与水平仍然落后。两校合并是一个双赢的战略，将使紫南村的教育实现飞跃式发展。

这是一招妙棋！但是，并非所有的人都像潘柱升一样高瞻远瞩，很多人担心村里这些投资打了水漂，又担心紫南村的学生上不了学。面对质疑，潘柱升在《紫南之窗》发表了《大舍才能大得，大勇才能大胜》，对学校合并的具体细节进行耐心解释，他说："对于教育，我们的理念是今日为教育投入钱财，就是为明日紫南出更多的人才，最后为紫南找回更多的钱财。"

2013 年 8 月 30 日，佛山市第九小学和南庄紫南小学正式合并，探索实施"名校一校多区"发展模式。在师资配备方面，将在现有教师数量、结构的基础上采取交流、轮岗、走教和整体置换等形式，实现两校区教师的融通使用。同时适当补充教师，加强薄弱学科教师配备。通过两校合并办学，两者的优势资源实现共享融合，实现一校两区办学质量的整体提升。

（图片来源：紫南村委会）

这是紫南村发展历史进程中具有里程碑意义的大事件，最高兴的莫过于紫南村民了。两校合并之日，不少村民闻讯赶到现场，见证这一激动人心的时刻。村民谭阿姨是紫南小学的一名退休教师，她说：“我来紫南小学教书时，条件很差，校舍是由猪圈改成的，学生上课还自己带椅子。现在，可以说是天壤之别。如今，紫南的孩子在家门口就能读名校，让很多邻村人羡慕不已。”村民简慧玲乐得合不拢嘴，她说：“我家的小孩就在第九小学上学，能在家门口上名校，以前真是做梦都不敢想的事情。”

潘柱升也露出了欣慰的笑容，他说，孩子是紫南的希望和未来，村“两委”在大力加快发展村级经济的同时，会一如既往地致力于教育环境的优化和提升，将教育事业作为民生大事来抓；我们要让紫南村的孩子享受最优质的教育资源，让紫南村的孩子赢在人生的起跑线，让紫南村的孩子将来成为国家栋梁之材。

四、困有所助，难有所帮

共产党员潘柱升被媒体称为“义工村官”“广东好人”，这个称号是如何来的呢？原来，他只求奉献，不图回报，担任村党支部书记八年来，没领过一分钱工资，他用这些工资设立了“书记基金”，使村民困有所助，难有所帮，成就了一段佳话，为紫南人所称颂。

潘柱升造福乡梓，拳拳赤子之心，日月可鉴。可是，他的义举曾被人误认为是在“作秀”。这里有一个真实的故事：2010 年底，有位叫毛玉珍的退休教师打电话到村委会，指名找潘柱升了解潘书记到底是不是真的不要工资。因为她不会上网，所以潘柱升请毛玉珍来到村委会，在工作人员的帮助指引下，她打开了村委会的网站，看见上面显示潘柱升三年的工资 60 多万元，全部捐出去成立了“书记基金”，并在另一网页显示着帮扶村内困难人员用去的款项，每一笔都有时间、姓名，清晰具体明了。随后毛玉珍来到潘柱升的办公室，说：“潘书记，您是个好书记，我误解您了。”潘柱升上前握住她的手说：“毛老师，别这样说，欢迎您继续监督村委的工作。”毛玉珍说：“有您当紫南的书记，我们放心。”

这个“书记基金”是 2007 年潘柱升走马上任时成立的。他的工资在他本人的要求下，每个月都会全部划到“书记基金”里面。紫南村的“书记基金”和扶贫救助基金，用于对困难党员、弱势群体进行资助和慰问，如春节、中秋节、重阳节都会对低保户、五保户、困难党员进行慰问，其中有慰问品和 500 ~ 800 元的慰问金，而在年底会对低保户、临界低保户、五保户、因病致困等群体发放慰问互助金（大概 10 万元）。

“书记基金”帮助许多村民走出了困境，它的意义并不仅仅如此，潘柱升的这一义举，还让紫南人感受到他赤子般的情怀，感受到他作为共产党员的人格魅力，感受到他品德的光辉，潘柱升的事迹感染着每一个紫南人，凝聚着新紫南的精神，成为促进紫南村腾飞的源源不断的动力。

如今的紫南村，除“书记基金”之外，村里还经常开展“扶贫济困”募捐活动，村委会的全体工作人员、治安队员、各村小组长都慷慨解囊，积极参与捐款活动。除了村委会之外，还在紫南商贸城和各村小组设立了募捐点，动员过往的群众也参与捐款，并得到不少群众的支持。在紫南村，无论男女老幼都纷纷伸出援手，积极奉献爱心，“一家有难百家帮”成为紫南村的一道靓丽风景线。

五、居有所安，住有所美

村集体经济发展壮大之后，治水工程终于被提上了议事日程。2011 年，往日贯穿各家各户的明渠下水道被改成暗渠，并且每隔一段距离就装有透水沙井盖。对于一些未建好的房屋，村里还为他们预留了地下管道，待日后再接驳上。全村 60 公里的地下暗渠改造完成，实现无明渠村庄的目标后，村“两委”又投入 1 100 万元治理河涌污水，并将生活、工业污水全接入南庄镇污水处理厂，实现雨污分流，开创了佛山市村一级全面进行污水处理的先例。

为彻底摘掉“脏、乱、差”的帽子，近几年，紫南村委以壮士断腕的勇气致力于村居环境改造提升，2014 年的投入尤为巨大，以一个行政村的力量，通过“社会资金 + 村民筹集 + 村委财政”的方式，对全村 13 个自然村的村容村貌、村居公园进行全面的改造提升，整治鱼塘河涌、铺设污水管道、完善村居路网、新建或改造村居公园，村容村貌发生了翻天覆地的变化。

如今，美化村居、改善人居环境已经成为全村上下的共识，各村小组合计投入超 7 000 万元，纷纷开展美化村居竞赛。各村因地制宜，你追我赶，建设美丽乡村。

七年来，紫南村每年投入不低于 1 000 万元，改善村居环境。

如今的紫南村，拥有16个休闲公园，人均绿化面积已达到40.42平方米，生态环境改善的同时，城市管理更加规范科学和人性化。紫南人在城市管理上所付出的努力得到应有的“馈赠”。现在村里仓库租金每月近20元/平方米，较原来增加了一倍，越来越多的民营资本“相中”这里的宜人环境，娱乐城、美食城、港资民营医院等纷纷落户。值得一提的是，这个普通的村子还吸引了一批国际高端人才来此。其中有一位是来自哈佛大学的医学博士覃奇宁。覃奇宁目前居住在紫南村里的一栋四层居民宅中，他说：“这儿的城市管理做得不错，与我在美国郊区居住的环境非常相似，很舒适。”

村庄变美了，环境变靓了，紫南人却没有一丝懈怠，潘柱升意识到，“美女也要勤梳妆”，硬件改造固然重要，日常维护更加重要。为此，紫南村成立了全区首个村级市政管理处，拥有市政管理人员70多人，设有20个垃圾回收站，近200个垃圾桶，垃圾清运车和洒水清洁车各两辆，定时定点清运生活垃圾。

紫南村市政管理处还配备了4名专职卫生巡查员。他们每天在紫南村15个自然村里进行巡查，发现村民乱倒垃圾或乱张贴，巡查员会开具整改通知书，要求村民限时整改；如村民没有整改，村市政管理处就会进行清除，村民则要支付清理费用，如不支付，则从年终分红中扣除。将村民爱护环境的行为与自身的经济效益挂钩，大家看到村容村貌越来越好，渐渐地把爱护环境当成了习惯。

紫南村村民是环境整治的最大受惠者。村民谭结好说：“道路等村环境一改以前坑坑洼洼的状况，每个村小组都有小公园，很幸福，想也想不到有今天这样的居住环境，我觉得这里已有小城市的感觉，不像农村了。”村民简慧玲说：“现在你看看我们紫南，树绿了，水也清了，我们家门口的龙眼树去年还结了很多果，又甜又大！”村民梁明义说：“以前村里停车好麻烦，入村的路很窄，而且只有一条主路。如果对面有车就进不来了。现在路好了，处处都走得通，还有很多停车位可以使用。”村民的话语是朴素的，但是这里蕴藏着一个深刻的道理，只有环境美了，才能称得上真正的幸福，如果把房子修得像皇宫一样美，旁边全是垃圾，也没有幸福可言。

党的十八大指出：“我们一定要更加自觉地珍爱自然，更加积极地保护生态，努力走向社会主义生态文明新时代。把生态文明建设放在突出地位，融入经济建设、政治建设、文化建设、社会建设各方面和全过程，努力建设美丽中国，实现中华民族永续发展。”紫南人的做法与党中央的精神惊人的一致，站得高才能看得远，看得远才能走得远。潘柱升和他的班子成员具有前瞻性，因为时代变了，再也不能走先发展再治理的老路，再也不能以牺牲环境换取 GDP，必须把生态作为衡量幸福的重要指标。目前，紫南村又在积极创建国家级生态村，修建绿道，这个昔日的“问题村”，正实现着跨越式的发展，迈步走向生态文明新时代。

产业升级，民生投入，创新思维、科学抉择，精细管理，是紫南环境发生巨变的四大途径。一个曾经脏、乱、差的村庄，经过短短八年，就蝶变成远来近悦的美丽乡村。紫南村跨越式发展的经验，确实值得我们借鉴，值得我们学习。

第三节 共享发展是幸福村居的本质特征

紫南村加强和创新社会管理，努力解决教育、养老、社会保障、医疗等关系群众切身利益的问题，使发展成果更多、更公平惠及全体村民，让村民通过辛勤劳动过上更加美好的生活。

坚持人民群众共享发展，既是中国共产党90多年历史的经验总结，又是发展中国特色社会主义事业的根本要求，同时也是幸福村居的本质特征。

人民群众是中国特色社会主义各项事业的创造主体。中国特色社会主义事业是前无古人的事业，在这项全新的事业中，人民群众始终发挥着创造作用。在改革开放新时期，广大人民群众在中国共产党的带领下，充分发挥首创精神，开拓进取，不断创新，在经济、政治、文化、社会和生态文明建设的各个领域，取得了举世瞩目的伟大成就，使中国特色社会主义道路越来越宽广，理论体系越来越丰富，制度越来越完善。

人民群众是中国特色社会主义各项事业的发展主体。中国特色社会主义事业是长期持续发展的事业，人民不但是这项事业的创造主体，同样也是这项事业的管理和发展主体。没有人民主体作用的发挥，就不可能有中国特色社会主义各项事业的持续发展。从中国特色社会主义的发展进程来看，人民群众切实担当起了国家主人的责任，通过民主选举选出自己的代表，依法积极参与管理国家事务和社会事务，充分行使自己的知情权、参与权、表达权、监督权，对经济、政治、文化、社会各项事业进行民主决策、民主管理、民主监督。

人民群众是中国特色社会主义各项发展成果的享有主体。作为社会主义国家的真正主人，中国特色社会主义事业的创造者、发展者和管理者，人民群众当然应该是中国特色社会主义发展成果的享有主体。对此，中国共产党有着高度的政治自觉和明确的政策主张。改革开放以来，人民群众在经济、政治、文化、社会方面享有的权利不断得到完善和提高。比如，在经济生活方面，城乡就业持续扩大，居民收入较快增长，家庭财产稳定增加，衣食住行用条件明显改善，城乡最低生活保障标准和农村扶贫标准大幅提升。在政治生活方面，随着政治体制改革的稳步推进，人民群众参政议政的热情不断提高，参与政治的范围不断扩大，基层民主不断发展。在文化生活方面，人民精神文化生活更加丰富多彩。在社会生活方面，基本公共服务水平和均等化程度明显提高，城乡免费义务教育全面实现，城乡基本养老保险、医疗保险制度初步建立等，这些都充分体现了人民享有主体的地位。

共享发展是幸福村居的本质特征。这要求我们在开展幸福村居建设的伟大实践和伟大创造中，要始终坚持人民主体地位，全面落实人民主体地位，一切发展是为了人民，一切发展成果由人民共享。

第八章

人民幸福——幸福村居的价值理想

人民幸福是国家和社会发展的最终目标，也是检验“中国梦”的最高价值尺度，同样也是检验中国幸福村居建设能力的最终标准。潘柱升和他的村“两委”班子在幸福村居实践中，坚持以人民幸福为本的价值理想，一切奋斗和工作都是为了造福人民。

第一节　幸福价值观的历史考察

幸福是什么？不同的时代和不同的人有不同的回答。

幸福，从根本上说是一种价值观和价值理想。对幸福价值观进行历史考察，仁者见仁，智者见智，古今中外各种说法不一而足。

一、中国传统文化中的幸福价值观

幸福价值观在中国传统文化中占主导地位，对中国人追求幸福生活的影响最为深远。

1. 中国传统“五福”幸福价值观

在中国古代，最早较系统地论述幸福问题的著作《尚书·洪范》提出“五福”：一曰寿，二曰富，三曰康宁，四曰攸好德（一般解释为“所好者德也”，可译为“尊崇道德”），五曰考终命（意为“尽享天年”）。“五福”的传统幸福价值观把幸福看成一个综合性的范畴，把五种幸福要素作为衡量一个人幸福的标准。

2. 儒家德福一致的幸福价值观

传统儒家幸福价值观主张德福一致，认为道德与幸福内在融于一起。儒家强调美德对于幸福的重要性，认为一个人如果没有美德，就不可能获得幸福，人生的幸福体现在个人的善行之中，人们不断提升个人美德的过程就是追求幸福的过程。

3. 道家合于自然的幸福价值观

道家主张合于自然的幸福，认为万物的本然状态是最好的状态，一个人是否享有真正的幸福，不是看一个人是否拥有财富、地位和知识，也不在于一个人是否具有他人所尊崇的德行，而在于其是否合于道或自然，如果顺应自然之性，就能得到最大幸福，所谓“与天和者，谓之天乐”。所以，一个人懂得知足，就能经常处于满足和幸福的状态。

4. 墨家义力并重的幸福价值观

墨家认为，幸福的获得除了需要强力之外，还必须以“义”为其做合理性辩护。“万事莫贵于义”，幸福不在于天命而在于义力行事，人们只要贵义而重力行，即努力劳动并持之以恒地践行道德行为就可以得到幸福。

二、新中国成立以后到改革开放之前的幸福价值观

新中国成立以后到改革开放之前，中国人的幸福价值观与当时国家的政治生活和经济制度紧密相连，幸福价值观烙上了鲜明的时代印记。“亲不亲，阶级分”“个人主义是万恶之源”。那一时期整个社会的幸福价值观是以政治挂帅，重视集体，轻视个人，个人的利益追求受到抑制，个人的自主性得不到发展，个人的日常生活几乎都由国家按计划统一安排。个人对幸福的理解和追求，在当时的普通人看来，政治上进步，比如入党、受党组织表彰等就是最大的幸福。

三、改革开放以来的幸福价值观

与改革开放之前相比，改革开放后中国人的幸福价值观发生

了根本性的改变，呈现出这样的总体特征：

一是幸福价值观与实现个人价值紧密结合。改革开放和市场经济运行机制的确立，为每个社会成员提供了发展自我的相对公平的竞争环境，人的主体意识开始觉醒和高扬，人们拥有了平等的生存和发展权利，可以通过自身的奋斗而实现自我价值，进而获得幸福。

二是幸福价值观趋向现实化和物质化。注重物质生活幸福是幸福价值观趋向现实化和物质化的表现形式之一。人们通过合法劳动得到相应的物质回报，不断改善自身的物质生活水平，自然能够增强个体的幸福感。注重眼前利益的现实幸福是幸福价值观趋向现实化和物质化的另一种表现形式。这是幸福价值观现实化和物质化的发展和延伸，因为物质享受看得见、摸得着，与人们的现实生活联系最直接、最紧密，在一部分人看来，追求物质生活的幸福也是最现实的。

三是幸福价值观具有明显的差异性和多元性。幸福价值观的多元性和差异性，是经济社会发展所引起的观念变革的反映。人们在各自生活目标的指引下，可以自由地去体验不同的幸福，幸福价值观具有了鲜明的主观和个性色彩。

四、广东新时期的幸福核心价值观

幸福是一种个人的主观体验，但是单纯谈论个人的主观幸福意义并不大，我们要强调的是如何营造一种普遍的通向社会幸福的环境与氛围。个人只有置身于群体和社会中，与他人互动，才能获得一种真正的、积极的幸福。因此，我们倡导广东新时期的幸福核心价值观：人人是创造幸福的主体，个个是享受幸福的对象；我为别人的幸福努力工作，别人为我的幸福创造条件；幸福共建共享。

【链接】

广东率先提出幸福核心价值观：我为人人幸福，人人为我幸福

“我为人人幸福，人人为我幸福”的幸福核心价值观由广东在全国率先提出，并在基层城乡社区倡导实践，正式写入广东省委全会文件。

7月21日，广东省全文公布了《中共广东省委、广东省人民政府关于加强社会建设的决定》，其中第13条的主要内容是：大力开展“我为人人幸福，人人为我幸福”等系列主题活动，发展守望相助的和睦邻里关系，构建平安和谐的幸福村（居）。为积极响应省委十届八次全会提出的“建设幸福广东”的宏伟目标，广东省城市社区建设研究会从今年3月开始，在全省城乡社区广泛深入开展以“我为人人幸福，人人为我幸福”为主题的幸福广东主题系列活动，系列活动以创建幸福社区、幸福学校、幸福企业、幸福家庭为载体。研究会还向汪洋书记提交了《关于以社区为载体，开展“我为人人幸福，人人为我幸福”暨建设幸福广东主题活动的建议》，汪洋同志对该文件高度重视和认可，于3月15日作出重要批示：“赞成，积极支持。”雷于蓝副省长专门为系列主题活动作了批示：“很好！要认真总结，巩固成果，为建设幸福广东作出新贡献。祝系列活动取得圆满成功！”

幸福广东主题系列活动的主题理念——“我为人人幸福，人人为我幸福”，是构建社会主义新型伦理道德的创新提法，是建设幸福广东的核心价值观，已被正式写进省委十届九次全会文件中，这是省委、省政府对广东省城市社区建设研究会作为一家民

间社会组织自觉履行社会责任、积极提升社会组织服务社会能力的充分肯定和极大支持。广东省城市社区建设研究会将以此为动力，充分发挥社会组织的积极作用，不辱使命，圆满完成由省政府新闻办、省发改委、民政厅、公安厅、文化厅、卫生厅等17个省直单位作为支持指导单位的“我为人人幸福，人人为我幸福”暨建设幸福广东八大系列主题活动，并将在今年12月进行系列主题活动成果的总结表彰，举行向海内外公开出版发行《幸福广东蓝皮书》（2012年首卷）首发仪式，隆重举行广东省社会各界唱响“幸福广东”大型主题文艺晚会暨颁奖晚会，大力培育和弘扬“我为人人幸福，人人为我幸福”的广东新时期幸福核心价值观。

（来源：大洋网，http：//www.dayoo.com，2011年7月22日，记者：李婧，通讯员：粤宣）

幸福社区：我为人人幸福，人人为我幸福

6月3日，由广东省城市社区建设研究会、中共广州市委党校主办的“我为人人幸福，人人为我幸福”暨建设幸福广东主题系列活动——广东幸福价值观全民大讨论首场专家研讨会在中共广州市委党校举行。与会专家学者围绕着如何建设幸福社区、如何弘扬和培育新时期的广东幸福价值观进行了深入探讨。

北京师范大学珠海分校付延慧提出，“我为人人，人人为我”既是人类共生共存的保障，也是人类发展的不竭动力。改革开放30年来，广东人的物质生活水平有了很大提高，却步入了一个意义缺失、社会生态失衡的时期。人们内心渴望找回一种积极的生存体验，期待重建人类共同的栖身、依存的精神家园。要使人人获得幸福，需要每个人以主动的精神，积极参与共同创造幸福的

实践中。

中山大学教育学院黄晓星认为，社区是构建幸福感的天然载体，建设幸福广东需要考虑与社区建设紧密结合在一起。幸福社区应当是一个人与人之间充分友爱互动、使人产生极强的道德感、人们归属其中的和谐的社区共同体，这才是社会质量、生活质量高以及个人主观幸福感强的共同体。

中共广东省委党校的唐晓阳和陈雅丽在提交的论文中提出，幸福社区就是能让居民感到安全、舒适、和睦、文明的社区。要把创建幸福社区作为建设幸福广东的切入点和突破口，就要以安定的社区环境提升居民的安全感，以优质的社区服务提升居民的舒适感，以友好的邻里关系提升居民的和睦感，以丰富的文化生活提升居民的文明感。具体而言，需要不断完善社区服务体系，走多元化发展道路，政府、市场组织、非营利组织以及居民共同参与社区服务发展。同时，也要搭建居民互助平台，培育居民互助组织，增强社区居民的认同感和归属感。

广东省城市社区建设研究会理事段克勤提出，社区是社会的缩影，家庭是社区的细胞，搞好社区建设，要重视千万个幸福家庭的建设，要关注每一个家庭的就业、入托、入学、医疗、养老，逐步形成“难有所帮、残有所助、孤有所托、老有所养”的体系，要形成一整套市、区、街道、社区居委会、居民小组、家庭的管理链。

广东青年干部学院谭建光从社区志愿服务入手谈到幸福广东的建设，他说，志愿者在志愿服务中为大众创造幸福，志愿者在服务中获得自己的幸福。这也正是“人人为我，我为人人”的幸福价值观的体现。

中共广州市委党校李仁武认为，今天幸福广东的建设，最需要解决的还在于学有所教、老有所得、病有所医、老有所养和住有所居的问题。这些基本的民生问题如果得不到解决，老百姓对幸福广东建设是不会满意的。

广东商学院郭景萍认为，无论是主观的幸福还是客观的幸福，都是来自社会关系，离开了社会关系，就无所谓幸福还是不幸福，所以幸福的共建共享体现了人与自然的关系、家庭的和睦关系、邻舍的守望相助关系等，这些都是具体的幸福关系。

广东省社科联主席田丰在总结发言中指出，幸福广东有三个基本要素：一是基本的生活保障，二是文化，三是要有公平的环境与和谐的人际关系。他同时强调，幸福是有高度、有深度、有长度的。他认为，为全人类谋福利、谋福祉，为人类的利益奋斗，这种幸福是最高的。深度就是创造性的劳动，文化创新、学术创新，这种精神财富的创造就是最深的幸福。幸福怎样才能持久？他认为是靠文化艺术。幸福的高度、深度、长度，体现了人类的“真、善、美”的本质。

（来源：《广州日报》，2011年6月14日，记者：谭敏，通讯员：张勇）

第二节　当代中国的幸福新政

可以说，以人民幸福为本的幸福新政理念，深深触及了我们这个时代和社会，对于中国社会发展目的和发展方式的理论思考和现实转型具有重要意义，表达了当代乃至未来相当长一个时期内，中国社会发展的价值诉求和价值期待，因而成为当代中国各级政府和部门的执政理想和价值尺度。

习近平总书记站在中国历史发展的制高点上，高瞻远瞩地将“实现中华民族伟大复兴”概括为“中国梦”，内涵丰富，意蕴深远。这一概括不仅极大地深化了对近代以来中国社会发展主题的理解和认识，同时也为当前我们坚定不移地推进中国特色社会主义现代化建设、全面建成小康社会指出了重点，指明了前进方向。

习近平对中国梦进行了更全面的阐述，“中国梦归根到底是人民的梦”，“实现中华民族伟大复兴的中国梦，就是要实现国家富强、民族振兴、人民幸福”。中国梦就是人民幸福梦，这个全新的阐释描绘了一幅关于中国梦的当代中国的幸福新政蓝图。

一、人民幸福是衡量中国梦的最高价值尺度

社会主义的根本目标和理想是全体人民的平等解放、自由发展和幸福生活。人民幸福是社会主义社会发展的最高目标和最终目的。中国梦是人民幸福梦的本质，正是这一目的论在当代中国社会意识中的具体反映，因而可以把中国梦看作当代中国社会发展的又一次社会转型的标志性理念。

1. 人民幸福体现了人类社会共同的价值追求

近年来，在全球化问题的影响下，人们不断讨论和反思什么是人类共同的价值追求。对这个问题的回答要求我们与时俱进地构建社会主义核心价值观。人类共同的价值追求是在人类社会进步和人类交往中逐渐形成的具有一定社会历史性、一定具体差异性的共同的基本价值准则和理念。紫南村构建的社会主义核心价值观要体现人类共同的价值追求，科学、民主、尊严、公正、和谐、幸福并非资本主义所特有的价值观，而是全世界在漫长的历史过程中共同形成的文明成果，因而也是人类社会共同的价值追求。

幸福是人类孜孜以求的价值目标，对幸福生活和幸福社会的追求，是推动人类社会文明发展的重要动力。古今中外的思

想家都认为，追求幸福生活是人与生俱来的对生命价值的终极追求。马克思主义充分肯定了幸福在人类社会发展进程和共产主义事业中的崇高价值及意义。毛泽东同志曾经说过，社会主义的道理千头万绪，归根到底就是一句话：普遍幸福。社会主义就是以实现全体成员普遍幸福为直接目的的社会制度。幸福作为一个全面反映公平、富裕、自由、民主、文明、和谐等的实现程度的价值理念和价值指标，综合体现了社会主义核心价值观的崇高追求。

“让人民幸福”是中国特色社会主义道路的本质要求，更是十八大最响亮的政治宣言。在十八大报告中，“人民”一词出现了 145 次，“牢记人民信任与重托”“把人民利益放在第一位”，温暖着亿万人民的心。“人民对美好生活的向往，就是我们的奋斗目标”，习近平同志在新一届中央政治局常委与中外记者见面会上的庄严承诺，体现了中国新一届领导人执政理念的日趋完善和成熟，凸显了当代中国社会转型发展的新理念。

人民幸福是衡量中国梦的最高价值尺度，其核心是以人为本，说到底也就是为了使人民这个民族主体生活得更加幸福和美满，更有尊严和价值。以人为本作为中国特色社会主义的核心价值取向，既是马克思主义价值理想的根本所在，也是人类社会共同价值追求的集中体现。坚持以人为本的社会事业，是最得民心、最为壮丽、最有前途的正义事业。中国特色社会主义道路，以人民幸福作为衡量中国梦的最高价值尺度，这一理念越是深入贯彻，就越是能深切地同人民对美好生活的向往相契合、同人类文明发展的趋势相贯通，就越是具有不可限量的远大前程。

2. 人民幸福彰显了党的执政能力的提高

“人民”是一个政治哲学概念，人民是指所有国民，不是一部分人。每个共和国的公民都属于“人民”范畴，他们都有权利对社会、对政府、对他所生活的群体提出期待，过“小康生活”、过“体面的有尊严的生活”是每一个共和国公民的基本权利，过一种幸福生活是全体人民的共同目标，也是执政党所应该承担的政治责任。

在新的历史时期，我们党在执政实践中，强调坚持以人为本，“权为民所用，情为民所系，利为民所谋”。十七大报告指出：“全心全意为人民服务是党的根本宗旨，党的一切奋斗和工作都是为了造福人民。”十八大之后，中国梦勾勒出美好图景，国家富强、民族振兴最终统一于人民幸福的历史语境中，给“为人民服务”的共产党宗旨赋予了新的时代内涵，中国梦升华了我们党的执政理念，成为当今中国的高昂旋律和精神旗帜。以人民幸福为本，是我们党执政的根本理念和最高价值追求。秉承这种执政理念，党和政府必将以人民的幸福程度作为检验其执政能力的最终标准。

3. 人民幸福凸显了发展价值观的新境界

作为一种政策实施目标，人民幸福的价值取向是人类发展观念的一次重大飞跃，凸显了人类发展价值观的新境界。以人民幸福为本，体现了科学发展观的必然要求。它包含这几个重大问题：第一是社会为谁发展；第二是中国特色社会主义理论的实践；第三是重新校正社会发展的目标。

长期以来，传统的经济学理论和发展理论，把增加国民财富、提高国民收入作为国家发展的根本目标，把增加国民财富等同于提高国民幸福水平。统计资料显示，物质财富的增加并不一定能带来民众幸福感的同步提升。幸福感的提升与财富的积累并不必然正相关联，从而形成一种“财富与幸福”悖论。同时，由于贫富差距悬殊，政治民主参与、教育、医疗、社保等公共资源分配的不均衡性，使得人们的相对剥夺感和不公平感增强，民众幸福感走低，幸福指数也在下降。这种现状引发了人们对发展价值观的反思，如何在经济社会不断发展的基础上，让人民由衷地感受到“生活得更加幸福、更有尊严”“社会更加公正、更加和谐”，这是我们不得不面对的时代课题。

在之前的一个时期，我国不少地方政府将GDP当作唯一的追求目标，忽视了发展的质量、发展的代价和发展的公平性。现实生活中不少人信仰金钱，在物质财富增加的同时，幸福指数反而在降低。比如，有的人财富增多，精神却空虚了；不少“中产”在享受有房有车的富足生活的同时，身体处于亚健康状态，心理疾病患者急剧增多；有的企业利润在增加，却因管理中缺乏人文关怀，员工超负荷工作，情绪压抑，跳楼自杀现象不断出现。反思这些社会现象，我们最终明白，GDP增长只是谋求幸福的手段之一，必须转变人类生活理念，确立幸福才是人类生活的终极目标。人民幸福是国家和社会发展的最终目标，也是衡量中国梦最终是否实现的最高价值尺度。

二、幸福广东的提出和实践

2011年1月6日，在广东省委十届八次全会上，中共中央政治局委员、省委书记汪洋立意“幸福广东”，详解政治框架下的幸福观，点明民众幸福可信赖的政治路径。“幸福广东”一说由此登上广东政治舞台，并被写入各种施政纲要中。“幸福广东”是一种理论勇气和宣告，广东将以民众福祉为重，告别唯GDP至上的政绩观。“幸福广东”蕴涵崭新时代风气，成为广东省“十二五”规划的核心理念。

汪洋书记在全会上清晰、完整地阐释了“幸福广东”。建设幸福广东，就是要坚持以人为本，维护公平正义，保护生态环境，建设宜居城乡，改善社会治安，保障人民权益，畅通诉求表达渠道，满足民众文化需求，从而强化转型升级的目的和价值导向，使转型升级成果更好地转化成民众福祉。幸福广东要让人过得幸福，而且这种幸福是作为人的幸福。

建设幸福广东，提升百姓幸福指数，政府必须以为人民谋幸福为宗旨，把人民群众作为建设幸福广东的主体，同时突出重点，多解民生之忧、多谋民生之福。现阶段，就业、教育、医疗、住房、环保、养老等社会热点难点民生问题摆在政府面前。解决民生问题，政府关键是要转变工作作风，树立“群众利益无小事”的服务观和“让老百姓满意”的政绩观，恪守为民之责、落实利民之策、多办惠民之事。

第三节　幸福村居的新理念和新实践

幸福村居，作为人民幸福生活的共同体，体现了新型社区的新理念与新实践。

一、幸福村居是人民幸福生活的新型生活共同体

社区不仅仅是一个空间地域概念，更是一种社会心理意义上的共同体，是人们生活所直接面对的社会关系空间。它包括两个不同层面：一个是现实的地理物质空间，由房屋、环境、公共活动场所、基本设施等组成；另一个是虚拟的心理情感空间，是人与人所组成的心理共同体。滕尼斯在提出社区的概念时其实是在后者的意义上谈的，不涉及地域空间的概念，他谈的是人们基于本质意志所联结成的共同体，如以往的亲属群体、村落等。后来在美国芝加哥学派帕克等人的修正下，社区有了

地域空间的界定，帕克等人研究社区是为了解决美国城市迅速发展中的重要问题的。中国学者费孝通、吴文藻等人在引入社区概念时，则天然地赋予了其地域空间的概念，使其成为在一定空间中人与人结成的共同体。我们谈社区建设，并不是只谈社区居委会辖区的地域空间和物质建设，更重要的是，在传统社区（初级群体、村落、单位等）消亡的情境下，我们如何重构社区，建设一个人们能够归属其中的意义共同体，以给人们一种生活的意义感。而且，在社会急剧变迁和社会分化的情况下，这种意义共同体能给人支持，当人们面临生活的剧变时，能有一个重要的精神支撑。

在这个意义上，社区成为承载幸福生活、实现幸福生活的天然载体，因为幸福是一种意义的体验，而真正意义上的社区共同体能够培育这种意义体验。幸福村居，就是把社区建设成为人民幸福生活的共同体，这是新型社区的新理念和新实践。

幸福村居作为新型社区的新理念和新实践，需要我们从社区适宜居住性、构建共同社会生活、培育社区共同理想和文化认同三个方面去规划和推进，我们可称之为“五宜”社区——宜居宜业宜游宜学宜梦想的社区。

1. 宜居社区——社区适宜居住性

20 世纪 90 年代以来，美国、加拿大、澳大利亚等国兴起了“社区适宜居住性运动”，倡导新型社区理念。该运动中形成的“社区适宜居住性”理论强调十个要点：第一，创造适宜居住的步行社区；第二，将学校、商店和服务设施安排在方便的步行范围内；第三，设置社区公园和开敞空间；第四，丰富、整齐的社区景观；第五，清洁的自然环境；第六，社区能够被所有人接受并感觉安全；第七，社区文化、历史和生态具有独创性；第八，创建有活力的社区中心，形成商业、服务业以及公共设施集中的社区中心，创造居民愿意停留、访问和社交的场所，增加人们使用社区中心的频率，提供居民相互交流的机会；第九，增强社区凝聚力的设计；第十，用于欢庆的社区公共区域和公共生活。

根据以上“社区适宜居住性”的最主要内容，紫南村可以更具体地说，新型社区的理念规划布置方式包括网状道路结构、在中心布置商业和社区的公共设施，以及围绕中心布置公共空间和公园，而住宅围绕街道布置，形成友善舒适的步行环境。由此可见，在此提出的新型社区理念强调社区功能的综合性，完全与过去甚至至今仍沿用的“功能分区”理念相背离。同时提倡友善舒适的步行环境，这又与当前所有城市追求的“大马路”式的以机动车为主的交通环境规划相矛盾。但从可持续发展、和谐发展、以人为本的角度来看，“社区适宜居住性”的新型社区理念更加适合中国国情，更加适应中国的发展。

确切地说，“社区适宜居住性”的新型社区理念包含了更广泛的含义，包括经济、社会、文化、生态等内容，它使一个城市和社区具有吸引力，社区的人们生活愉快并对社区感到自豪和幸福。这个城市和社区有一个充满活力的经济产业链，使居民有机会就业；居民们可以方便安全地在社区内享受到服务；社区的环境清洁优美；社区有一种归属感，居民之间相互了解、相互关心；社区基本服务配套，包括学校、医疗设施、安全急救服务等；社区生活费用合理、经济适用；社区的景观面貌非常宜人，有独特的反映地域和社区特点的标志性环境，社区建筑精美且富有特点，人文景观丰富。

2. 宜业、宜游、宜学社区——构建共同社会生活

探索以构建居民社会生活共同体为核心的社区建设是实现基层有效社会治理的关键。如果社区工作者们把握了社区的社会共

同体本质属性再开展社区建设，就会贴近人类本性和人民生活，满足人们的需求，激发人们参与社会生活和社区生活的热情，使社会转型和社会管理格局日臻完善。正如第一个把社区概念引入中国的美国社会学家罗伯特·帕克所说："试图在城市街区中追寻成功的标准，如高标准的物质设施，或所谓能力很强的'无问题'的街区人口，或记忆怀旧的城镇方式的生活等，都是白费功夫。这种做法都没有涉及问题的本质，即城市的街区是干什么用的。"这实际上在提醒我们：在进行社区建设时，应当明了我们到底需要什么样的共同社会生活。

社会生活是指发生在个人与家庭、与社会、与群体、与社区的交往以及各种各样的公共活动，它以物质生活为基础，以社会交往为核心，以精神满足为目的。人们在社会生活中展现自己的社会性存在，展现出人的群体特征和社群属性。对于幸福生活和美好未来的追求是人类的本质特征。诗意的栖居，作为中国人的居住梦想，从古到今不乏各种美丽的传说，并表现在诗歌、文学等艺术作品中，它们正是人类本质属性的生动体现。这种在历史上曾经出现过的社区共同体经历了种种变故，由于工业革命和城市化导致的急剧社会变迁和社会分化，传统生活共同体在很多地方已荡然无存。但是人类从来没有失去过追求美好社会的信念，这正是社区建设的目标和动力所在。重新找回社区共同体成为人类不懈奋斗和追求的目标。

社区建设是政府、非政府组织和企业介入社区发展的过程，通过制定有关法律和法规、进行社区建设投资、建立和完善社区组织、动员社会力量参与等来解决社会问题，完善社区体制与机制，提高社区的群体认同感和凝聚力等。社区建设在目标上包括四个重要方面：社区居民生活质量的提高；社区认同感和凝聚力的建设和培养；社区组织和体制的建设与创新；社会问题的解决。这四个方面又是相互关联的，甚至在一定程度上重合。与其他三方面比较，社区居民生活质量更具有概括性和目标特征，社区居民生活质量的提高包含了丰富的内容，如社区居民自治、社区治理创新、社区服务体系完善、社区安全构建、社区文化建设、社区生态优化等。作为工具意义上的社区建设，主要是通过一系列的建设活动来修复由于工业化和城市化加速带来的传统人类生活共同体的瓦解，实现人的自由和全面发展。当前的问题是，我们在推进社区建设过程中还不能完全明了社区建设与人类社会生活共同体之间的关系，往往把社区建设活动本身当作社区发展的目标。社区建设工作者可以进行各种社区活动创新，但是要切记社区建设和社区发展的最终目标是实现人民的幸福生活。

3. 宜梦想社区——培育社区共同理想和文化认同

社会生活共同体意味着要让社区居民在自主管理社区事务中，逐步形成共同的价值观念和行为规范，形成共建共享、休戚与共、富有生命活力的文化共同体。文化是共同体的灵魂，社区文化是培养社区居民自我教育和自我管理能力、建设社会生活共同体的最好途径。

社会生活共同体在一系列精神内涵要素上是共同的，有着一致的价值认同和行为认同：

一是共同的社会规范。社区成为社会生活共同体，首先要有共同的社会规范，这些社会规范不是外部强加的，也不是少数人制定后赋予大多数人的，而是社区成员共同参与制定的真正意义上的乡规民约。美国素有遵循乡规民约的历史传统，从最早的移民开始，人们就意识到在使个人需要得到满足的同时，必须满足群体的需要，在享受权利的同时，必须承担义务，在建立和谐的邻里关系中实现个人安全、自我放松、家庭温馨、邻里和睦、共同认知。对于现代社会共同体而言，共同的社会规范是最为基本的价值共识。社会成员认同共同的社会规范、维系社会生活的内部秩序，社会生活共同体才能存在；反之，社会生活共同体就不能形成，即便是暂时形成了，也会昙花一现，不可能长久存在。因此，共同的社会规范是社会生活共同体存在、发展的前提和基石。

二是共同的语言文化。如果说制度层面的公共秩序是显性的东西，那么，情感融通则是隐性和基础的内容。因此，社会生活共同体范畴的共同语言文化，不单纯是指可以听见的语言声音，而且代表着语言声音背后的情感认同、情感交流以及共同的利益趋向和心理诉求。由此看来，社会生活共同体的居民个体形成一定的共同的语言文化，就能促进相互肯定、相互需要，促进相互帮助、相互配合，维护共同的利益，恪守公共目的，形成共同的文化心理结构和创建集体人格。

三是共同的行为方式。由于社会生活共同体是一个由若干个体或群体组成的有秩序维持、有情感基础的稳定结构，每一个有行为能力的个体都在扮演着与其他个体相互配合的一起生活或共同生活的社会角色，而每一个个体都必须作为一定的社会角色服从为整个共同体所普遍认同的社会规范，因此，以“我为人人幸福，人人为我幸福”“你为我好，我为你好”为共同行为准则的社会生活共同体，必然形成守望相助、和谐相处的共同行为方式。

培育社区文化认同能够进一步调动居民社区参与的积极性，对构建社区和谐幸福生活具有非常重要的积极影响。社区发展的核心是居民参与到社区环境和制度的改变当中，居民通过讨论和民主协商确定改造的主题或对象，联合社区内各方力量，与政府配合实施社区改革，并共建共享社区改革的成果。居民对社区建设参与得越多，社区认同感和归属感就越强。

二、幸福村居的生动实践

（一）中国各地的幸福村居实践

1. 奉化市萧王庙街道滕头村

（图片来源：中国文明网）

全球生态500佳乡村、世界十佳和谐乡村、上海世博会全球唯一入选乡村、国家AAAAA级旅游景区——浙江奉化滕头村，位于宁波南郊、奉化城北，全村区域面积2平方公里，村民343户，共854人，是一个典型的江南风情小村。2012年实现社会生产总值63.73亿元，创利税6.86亿元，村民人均纯收入45 000元。

长期以来，滕头村致力于生态环境建设，营造了“花香日丽四季春，碧水涟涟胜桃源”的乡村美景，以及独具魅力的乡村风情和丰富多彩的农耕文化，走出了一条以生态旅游为主线、辐射相关产业的生态发展新路。

滕头村独具魅力的乡村美景、乡村风情和农耕文化吸引了党和国家领导人前来参观考察，习近平、江泽民、朱镕基等曾亲临滕头视察，联合国副秘书长伊丽莎白·多德斯韦尔、越南共产党总书记农德孟、贝宁总统托马·博尼·亚伊等国外政要也曾到此访问。乡村美景也吸引了四方游客前来休闲旅游，2012 年，滕头村共接待游客 130 万人次，门票收入 3 220 万元，旅游综合收入 1.37 亿元。

2. 淳安县枫树岭镇下姜村

（图片来源：中国文明网）

下姜村以“美丽乡村”精品村建设为主抓手，按照“两年任务一年完成”的工作总要求，拉高标杆、负重前行，积极打造全县城乡统筹发展示范村。通过一年的努力，下姜村“美丽乡村”精品村建设圆满完成。下姜村在“美丽乡村”精品村建设过程中，始终坚持规划引领和项目带动作用，积极邀请省市专家为下姜村规划、项目推进“会诊搭脉”。下姜村“两委”自始至终都坚持民主参与、民主决策，尽量让村里各项决定更加科学、合理。在工程项目建设中，只要遇到重大事项，就通过“五票制”形式让村民进行民主决策。对工程项目招投标、工程承包合同、资金使用情况，村“两委”始终严格执行村务公开制度，自觉接受村民监督，以公开促民主，以民主促民生。通过上下努力，先后完成了下姜村“美丽乡村”精品村总体规划、乡村旅游规划、农业产业规划、交通和水利基础设施规划、来料加工发展规划等编制工作，形成了一整套完整的规划体系和 35 项水利、交通、道路等项目设计方案。一年来，围绕项目建设先后完成了所有房屋的建筑立面整治和村民服务中心、思源亭、半壁廊、牌坊、庙亭、宁静轩、展示点、入村标志、廊桥、八景亭等设施建设，完成新建堰坝 3 座、河道清淤 5 万立方米、新建防洪堤 50 米、防洪堤加固 1 035 米等水利工程，完成村内车行道硬化、步行道铺装以及停车场、污水处理池和排污管等村庄整治项目。建设后的下姜村，村容村貌明显改善，村庄品位明显提升，村民生活品质在原有基础上又上了一个新的台阶。

3. 桐庐县江南镇环溪村

桐庐县江南镇环溪村地处桐庐县最东部，区域总面积 12. 18 平方公里，目前全村共有林地 6 720 亩，耕地 666 亩，主要种植水稻、玉米、莲花等作物。

环溪村历史文化悠久，属于国家级深澳历史文化保护区古村落之一，系北宋大哲学家周敦颐第 14 代后裔族居地，至今已有 620 余年历史。村内拥有著名的“爱莲堂”“尚志堂”“安澜桥”“保安桥”等古建筑。近年来，在上级政府和有关部门的正确领导和大力支持下，环溪村先后获得杭州市“打造国内最清洁城市示范点”“浙江省远程教育和文化信息资源共享双示范点”“浙江省文化示范村”“浙江省学习型党组织”“市级文明村”“市科普示范村”等荣誉。

（图片来源：中国文明网）

4. 安吉县山川乡高家堂村

（图片来源：中国文明网）

高家堂村位于全国首个环境优美乡——山川乡境内，全村区域面积 7 平方公里，其中山林面积 9 729 亩，水田面积 386 亩，是一个竹林资源丰富、自然环境保护良好的浙北山区村。高家堂村区位优势明显，东邻余杭，南界临安，西北与天荒坪接壤，距县城 20 公里，距省会杭州 50 公里，距萧山国际机场 80 公里，是安吉接轨杭州的桥头堡。高家堂村近年来在上级的关心支持下，通过自身的不断努力，先后荣获“全国文明村”“国家级生态村”“国家级民主法治示范村”“全国绿色小康村”等荣誉称号。2008 年成为安吉县首批中国美丽乡村精品村之一。

高家堂村以休闲经济发展为主线，注重经济发展规划先行，聘请有关专家总体策划，由设计院设计，完成了高家堂村建设规划，把村现有产业通过节点串联，形成了“一园一谷一湖一街一中心”的村休闲产业带。目前已完成七星谷、水墨农庄、环湖观光带等建设，东篱农业观光园、竹烟雨溪接待中心等项目正在建设当中。农户房屋立面改造及庭院改造，突出浪漫主题，结合村庄整体建设，融入山水风情。2011 年完成村主干道柏油硬化工程，并建成开通村庄旅游环线 3 公里。

5. 泰顺县罗阳镇岭北村尾村

村尾村位于泰顺县城西北部，距县城 17 公里，辖 2 个自然村，面积 10.3 平方公里，共 435 户，1 635 人，畲族人口约占 20%。境内山清水秀，景观优美，植被茂密，森林覆盖率高达 90%，生态环境良好，文化底蕴深厚，旅游资源丰富。

千年古道、古树名木、蜿蜒溪流、古厝民居是村尾村的亮丽风景。茂密的树林使得村尾村年均负氧离子每立方米超过一万个，使之成为天然大氧吧。浓郁淳朴的乡土风情，宁静闲适的田园风光，构成了一幅幅人与自然和谐相处、生态与人类共同发展的秀丽山水画卷。村尾村先后获得“全国环境优美乡”“中国美

（图片来源：中国文明网）

丽乡村”“省市级生态村”“省级旅游示范村”“省级绿化示范及文明村”“温州市首届十佳魅力乡村”等荣誉称号。“五古”，即古道、古桥、古树、古民居、古民俗，是村尾村的特点。

6. 鄞州区下应街道湾底村

（图片来源：中国文明网）

鄞州区下应街道湾底村位于鄞州新城区的东面，东临风景秀丽的东钱湖，西接宁波市高教园区，北靠鄞州投资创业中心，地理位置优越。区域面积1.07平方公里，在册405户，1 072人，外来人口1 800。2012年全村经济总收入5.5亿元，集体可用资金1 200万元，农民人均收入26 288元。

近年来，湾底村先后荣获“全国创建文明村镇工作先进村”“国家级民主法治示范村”“国家级生态村”“国家AAAA级旅游景区”“全国休闲农业与乡村旅游五星级园区”“浙江省首批全面小康建设示范村”“首届浙江魅力新农村”等荣誉称号。

一直以来，湾底村以科学发展观为统领，以创建“人与自然和谐发展的生态居住环境”为目标，坚持经济社会发展与思想文化建设有机融合，注重文化乐民与文化育民双赢共进，通过开展和美家园、星光工程、生态村等一系列创建活动以及打造石头文化、长廊文化、民俗文化等湾底文化，形成了一个独具特色的美丽乡村。

7. 永康市江南街道园周村

（图片来源：中国文明网）

园周村位于永康市区南面，距市中心约3公里，全村现有222户，565人，村“两委”成员5人，党员28人，村民以从事第三产业为主。2012年村民人均纯收入约19 000元，村集体经济收入240余万元。园周村于2001年开始致力于社会主义新农村建设，明确提出通过“整合山水资源，挖掘民俗遗风，创特色旅游村”实现富民强村的发展目标。2009年开始启动农房改造工程，三期总共拆除旧房218户，拆除面积达30 000平方米。新建小区内家家户户修建生态化粪池，安装清洁能源——太阳能。投入上千万元进行村庄绿化、美化，建造面积达60 000平方米的开放式生态景观公园；安装大型户外LED电子显示屏；建立全村安全监控网络系统，实行“网格化”管理，引进多户联防报警系统，开展邻里守望等综治互助活动，实现“户有警情多户联动，组有警情全村联动”。

近年来，园周村先后被评为“浙江省文明村”“浙江省农家乐特色示范村”“浙江省绿化示范村”“浙江省特色旅游村”“浙江省森林村庄”“省级生态环境教育示范基地”“全国学习型家庭示范村”等。

8. 绍兴县漓渚镇棠棣村

漓渚镇棠棣村位于绍兴县东南部，距离县城约25公里，村域面积2.91平方公里，496户，1 514人。全村95%以上的劳动力直接或间接从事花木的生产和经营，是远近闻名的花卉特色专业村，是全镇最早、最大的花木专业村，是“中国花木之乡”漓渚镇的一张名片。近年来，棠棣村先后获得“省级兴林富民示范村”“省级全面小康示范村”等荣誉。2012年农村居民人均年收入22 356元。

近年来，村先后建起了农贸市场、社区卫生服务站、健身广场、农家书屋、老年活动室等公共配套设施。

（图片来源：中国文明网）

为加快推进“美丽乡村”建设，村结合全县“美丽乡村”创建的总体部署，着力整治村庄环境，实施精品区建设，全面开展环境、产业、服务和素质“四大工程”，进一步推进全村的新农村建设水平。

9. 定海区干览镇新建村

新建村地处舟山市定海区干览镇南部，由黄沙、里陈、南洞三个自然村组成，辖18个村民小组，共有500户，1 578人，总面积4平方公里。

近年来，新建村紧紧围绕“科学规划布局美、村容整洁环境美、创业增收生活美、乡风文明身心美”的新农村建设要求，因地制宜提出建设发展新产业、培育新农民、塑造新风貌、创建新班子的发展思路，合理规划，确定了以“文化休闲旅游”为引领的经济发展模式。该村以打造全国艺术院校大学生实践基地、中国戏剧谷为载体，建设了集火车休闲车厢、渔人码头、休闲仿古老街等项目于一体的南洞旅游文化景观区。同时，注重精神文明建设，借助采风基地的优势，建设了具有文化艺术内涵的群岛艺术馆，并开设了农民画培训班等艺术课程，以丰富村民的业余生活，提升村民自身的艺术涵养。此外，该村还积极推进游泳池、污水处理站、移动公厕等配套设施建设，积极带动村民开展自主创业，创建农家乐餐饮、住宿一体化的模式。

（图片来源：中国文明网）

（二）广东省幸福村居建设

1.《广东省创建幸福村居五年行动计划》

为贯彻落实广东省第十一次党代会精神，广东省委、省政府出台了《广东省创建幸福村居五年行动计划》（简称《行动计划》）。

《行动计划》是未来五年广东省创建幸福村居的纲领性文件。广东省委农办联合广东省省情调查研究中心开展“广东幸福村居指标体系建设实地和问卷调查”，在全省抽取了 8 个地级市、16 个县（市、区）、32 个乡镇，对 480 名乡镇干部、4 800 农户进行问卷调查，形成了《广东省创建幸福村居民意调查报告》和

《广东省幸福村居指标体系建设研究报告》。这两份调研报告为起草《行动计划》提供了理论依据。

影响农民幸福感的因素。调查显示，身体健康、住房条件好、挣钱多是最能增强农民幸福感的三大因素，认同率分别为52.1%、44%、35.5%。据此表明，身体状况、住房条件、经济收入是影响农民幸福感的重要因素。

农民的幸福需求。调查发现，当前农民最迫切需要解决的问题依次为：改善村居环境（占59.7%），完善水、电、路、气等基础设施（占51.2%），缓解看病难、看病贵（占37.8%）等。可见，农民最关心、最需要解决的是与生活息息相关的民生问题。

农民对幸福村居内涵的认知。调查中，受访农民认为幸福村居应涵盖的内容包括：居住环境舒适（占50.9%），村容村貌整洁、美观（占50.8%），少有所学、劳有所得、病有所医、住有所居、老有所养（占37.2%），水、电、气等生活设施齐全（占23.7%）。

农民对未来生活和创建幸福村居的预期。调查显示，84.9%的受访农民认为未来将比现在更幸福，其中，认为未来生活“会变得很好”的占31%，认为“比现在好一些”的占53.9%。68.1%的受访农民对政府创建幸福村居有信心，其中，表示“很有信心”的占27.7%，表示“比较有信心”的占40.4%。

通过问卷调查，理清了制订《行动计划》的思路，明确了幸福村居的科学内涵，就是以尊重村民意愿为前提，以提升村民主观幸福感为建设指向，以提高村民对村居生活满意度为目标，根据目前农村生产力发展水平，整合资源，统筹规划，全面建设“宜居、宜业、生态、文明、和谐、平安”的社会主义新农村。

围绕影响农民幸福感的因素、农民的幸福需求、农民的幸福感受和现实生产力发展水平，《行动计划》提出了创建幸福村居的工作目标：力争用五年左右时间，使农村环境卫生、产业发展、文化建设、公共服务和社会管理实现“三改善、三提高”。具体表现在：

改善人居环境。“两不具备”（不具备生产、生活条件）村庄和农村低收入困难户住房改造基本完成，农村居民的居住条件和村容村貌得到进一步改善，实现住有所居，安居乐业。

改善生产环境。农田水利设施建设进一步强化，农业生产基础进一步夯实，农民创业发展环境进一步优化，实现农业增产，使农民增收的基础更加稳固。

改善生态环境。村庄环境脏、乱、差现象得到有效治理，农业面源污染得到有效遏制，饮用水源得到有效保护，生态林建设进一步加快，农村生态、生活环境持续改善。

提高文明水平。农民思想道德水平和文化素质进一步提高，法制观念进一步增强，诚信守法、守望相助、和睦相处的传统美德进一步弘扬。

提高保障水平。社会公共设施和公共服务进一步向农村延伸和覆盖，城乡一体化的社会保障和公共服务体系进一步完善，实现农民劳有所得、老有所养、病有所医、学有所教。

提高管理水平。农村基层党组织建设进一步加强，村民自治制度进一步完善，农民参与的活力进一步提升，为农村居民创造平安和谐的生产生活环境。

《行动计划》强调创建幸福村居必须把握四条原则：一是以人为本，共建共享。坚持以人的幸福为导向，始终把实现好、维护好、发展好广大农民的根本利益放在首位。坚持依法办事，尊重农民意愿，充分发挥农民的主体作用，调动农民参与创建幸福村居的积极性、主动性，做到建设依靠农民、建设成果由农民共享。二是因地制宜，分类指导。坚持一切从实际出发，立足当地实际，从解决农民最迫切、最基本的生产生活环境问题、民生问题和公共服务问题入手，建设体现地方特色、农民认可的幸福村居。三是规划先行，典型示范。坚持实用性与前瞻性相结合，编制各种类型村居的创建规划，以点带面，成熟一个推进一个，确保创建一个成功一个。四是立足实际，量力而行。创建活动要适应现阶段农村生产力发展水平，立足于提升不同层次、不同区域的农村居民幸福感。

《行动计划》将通过六大举措强势推进广东省幸福村居建设，经过五年的努力，使农村人居环境、生态保护、产业发展、文明素质、公共服务和社会管理等方面有明显改善和提高，从而提升农村居民的归属感、满足感、安全感，最终提升幸福感。

2. 广东省珠海市创建幸福村居的实践

珠海这座城市之所以能获得“中国最宜居城市”“中国最美丽城市”“中国可持续发展城市”“中国最具幸福感城市”等殊荣，与其在新农村建设上展现出的新成就密不可分。

珠海市创建幸福村居瞄准了“脏、乱、穷”三大问题，且同时强调协同有序推进，力求实现“一年环境整治有成效、三年社会治理大变化、五年农业产业上台阶”的三步走战略。这样一个循序渐进的过程，透露出农村治理稳扎稳打的思路，也是科学发展必须秉持的方法论，值得其他地方推崇。

基础设施落后，是传统农村给人留下的第一印象，也是导致农村交通不便、垃圾围村、污水横流等问题的重要原因。基于这样清醒的认识，珠海市把改善农村基础设施作为创建幸福村居的最基本要求，加大农村公路、污水处理、垃圾处理等基础设施建设力度。截至目前，公路、公交、水、电、通信、有线电视等已通达珠海所有村居。为重点解决垃圾和污水的问题，珠海建立起户收集、村集中、镇转运、区（市）处理的农村垃圾处理模式，如今已基本改变了农村“垃圾围村”的顽固现象，污水处理预计今年底将覆盖全部行政村居，2016 年底覆盖至自然村一级。2014 年，珠海市有 30 个村居被评为省级卫生村，数量历年最多；斗门区南门村更是荣获 2014 年“CCTV 中国十大最美乡村”称号，成为广东省唯一获评村。

在珠海市幸福村居创建过程中，可以明显感受到改革创新的力量和底蕴。例如，推动城市公共服务、社会保障、金融服务、警务服务、文化服务往农村延伸，实现“小事不出村、大事不出镇”；全民推行 12 年免费义务教育，实行统一的城乡居民基本养老保险制度，实现城乡社会保障均等化；全市村居实现“一村（社区）一律师”，从源头上预防和化解农村基层矛盾；致力于突破农村金融服务瓶颈，将贷款、担保、信用评定等金融服务前置到村民家门口；深化农村综合改革，立足特色农业，建立有珠海特色的现代农业产业体系，这些都是具有创新性的举措。

珠海市的改革，也是立足于打破制约城乡发展一体化的主要障碍，无论是确权改革还是入市改革，无论是建立“三资”交易平台还是探索农村金融改革，都是为了让土地的价值更大、让农民的获益更多、让农业的发展更快，抓住了改革的重点和关键。

【链接】

珠海幸福村居——斗门

珠海斗门人有一个梦想：让城市更城市，乡村更乡村。

莲花种植基地

2012年10月，斗门区出台《关于创建幸福村居的实施意见》，率先打响珠海幸福村居创建“攻坚战”。珠海南澳村成为首批幸福村居示范村，经过一年多的努力，完成了全村道路改造、“一河两岸”整治、污水处理等35个工程项目建设，如今南澳村发生了翻天覆地的变化——水更清了、路更宽了、环境更优美了、办事更方便了、村民的钱包也更鼓了……村民冯根带感慨地说：“这辈子都没想到我们村会这么美。”

古村落

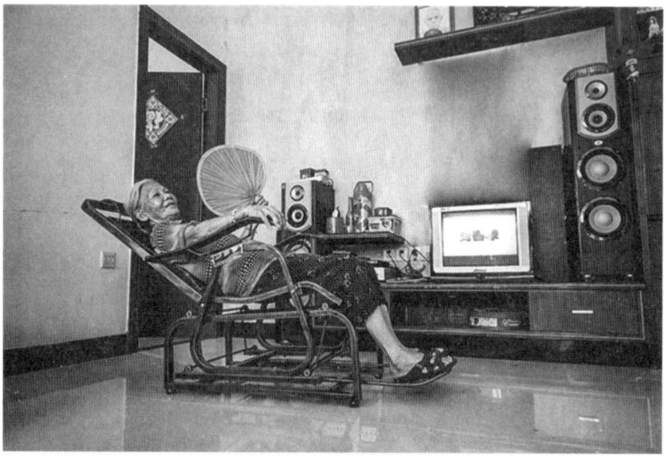

幸福生活

乐在家中

2014年，珠海市、区、镇、村级政府和社会各方共投入资金8亿多元建设幸福村居。珠海斗门区委书记梁元东接受本报记者采访时强调，作为幸福村居工作的主战场，必须抓住重点，以点带面，推动幸福村居工作全面开展，展现斗门创建幸福村居的独有特色。

莲江村

南门村

2014年，斗门高标准完成了88个村居的规划编制工作，为打造岭南特色村居奠定了基础。斗门区财政新投入9 000万元推进污水处理工程，18个村居完成接入市政污水管网建设，13个村完成分散式污水处理设施建设。60个村成功创建省级卫生村，12个村成功创建市级卫生村。全区种植各类苗木180多万棵，新增绿地29万多平方公里，完成1万亩森林碳汇工程和15.6公里生态景观林带、绿道网建设。2015年2月14日前后，在南澳村长达1.3公里的村道两旁，200多棵樱花向游客绽放。

油菜花盛开

水乡新妆

一年又一年，追梦人的脚步从未停止。

时光荏苒，如今的斗门乡村正在化茧成蝶！

（来源：《珠海特区报》，2015 年 1 月 29 日；珠海文明网，http：//gdzh. wenming. cn/001/201501/t20150129_1567440. html，编辑：金泉州）

结语

紫南村的未来发展——建设“五宜”的新型生活共同体

城市规划和产业规划是潘柱升和村“两委”班子主抓的工作。新农村建设，也就是农村的城市化建设，在不少地方出现了表面化、空心化的状况，也就是农民虽然洗脚上田成了“市民”，住进了楼房，但享受不到城镇居民的就业、医疗、教育、娱乐等多方面的待遇，农民们的“市民”待遇只停留在口头和文字上。紫南村自 2007 年开始，就注重改善公共基础设施和村居建设，让村民们在洗脚上田后做个比城里人还纯粹的城镇新居民。

首先，村居建设要按照城市规划的标准建设，改变村内建筑随意修建、建筑垃圾随地扔的状况。实施封闭式专业化物业管理，成立村级市政管理处，加大治安管理力度，把紫南村变成比商品房小区还规范、还安全的文明居住区，这让村民们实实在在地享受到了城市居民生活的高品质。

其次，村居公交站场的建设、公交车的通行，以及停车楼的兴建，让村民们的出行变得更便利。城镇居民便利的交通条件，在紫南村变成了现实。

最后，紫南小学、紫南幼儿园的高标准建设，则使紫南村的下一代有了就近接受良好教育的可能。而老人活动中心则让老人们有了一个心灵寄托。紫南村在社会公平方面的举动，还包括了建立村级养老体系、教育卫生体系、环境绿化体系以及完善社会管理体系。其中，紫南村推行的全民二次医保，实现了“小病不出村，大病有人帮”。

紫南村的幸福村居实践说明，创建幸福村居，不只是一个村庄建设的问题，实质上是把农村作为一个新型社会生活共同体去规划和建设，在制度设计的开始，便注意将农村产业发展与基层社会治理、环境生态保护、公共文化建设以及农村基层党组织建设等结合起来，力图实现农村发展中经济、政治、文化、社会、生态及党的建设等的全面发展和协调共进，因而为破解新形势下中国城乡二元结构和“三农”工作难题、不断改进党的工作作风、践行党的群众路线，以及巩固党的基层执政基础，提供了有效的载体，注入了新的内容，是生动积极和富有成效的探索。

展望未来发展，紫南村将着眼于在广佛都市发展，依托禅西新区新格局的大背景，通过打开思维空间扩展物理空间，建设宜居宜业宜游宜学宜梦想的新型生活共同体。

秉持“城市升级的最终目的是让市民生活更加幸福”的工作理念，紫南村“两委”班子将以建设幸福村居为重要抓手，全面深入配合贯彻城市升级三年行动计划，重点抓好城市规划和产业规划。

未来几年，紫南村将重点落实如下几个方面的工作：

（1）致力于做强第三产业和幸福导向型产业，让紫南村成为佛山西部城市功能圈的重要服务板块。前三年，将通过持续推进产业优化升级，促使“四市场一产业链”基本成型；后三年，将努力促使以紫南商贸城为中心的商贸业进一步向紫南商贸圈转化，大力引进高端商业、旅业、酒店、文化创意等产业项目，促成紫南商贸圈初步成型，使紫南商贸圈成为季华中央商务区的一个副中心，使紫南成为沟通禅南、服务禅西大片区的重要区域。

（2）致力于农村社区向城市新型社区升级，让城市配套改写紫南发展版图。抓住禅西新区加快建设及教育、医疗、行政服务机构西迁的有利机遇，以宽广的胸怀、澎湃的热情、到位的服务迎接城市化的加速进程。一是实施教育领先。筹划扩大佛山市第九小学西校区面积，做大做强佛山市第九小学西校区，筹划建设一家国际化实验学校，进一步提升教育整体水平。二是实施医疗领先。计划引进一两家较高水平的大型医院，满足禅西片区医疗需求。三是实施交通领先。大力完善公共交通站点、停车场、枢纽站等建设，最大限度发挥季华路快速化后的交通优势。

（3）致力于空间结构优化，打造宜居宜业宜游生态新水乡。以集约集聚为原则，推进土地资源的高效利用，推动环境空间的优化和释放。一是着力于推进新村建设。增强城市规划和产业规划引领作用，推进流动人口往员工村集中，村民向公寓楼及新村集中，提升集聚水平。二是结合新城镇建设，构建岭南水乡新形象。村内绿化推广岭南果树等优良树种，逐步替代现有的以榕树为主的乡村生态，通过生态景观、水环境与入村道路、现代建筑的完美结合，构建新型空间结构和视觉景观，打造更美、更宜人的新农村。

（4）致力于文化紫南建设，构建更具魅力的宜学宜梦想的新型社区和幸福村居。将教育、娱乐、生态、文明建设综合和归结到文化建设上来，让文化凝聚民心，让文化提升发展。未来几年，紫南村将集中更多的精力推进文化建设，比如，使家庭综合服务中心实现从固定服务点向直接服务家庭的转变，打造“十分钟”文化圈，让人文氛围更浓厚，让紫南村的未来发展更有文化生命力。

紫南村的未来蓝图会更美好！

为中国新型社区和幸福村居的明天点赞！

参考文献

1. 费孝通．乡土中国．北京：北京大学出版社，2012.

2. 费孝通．居民自治：中国城市社区建设的新目标．江海学刊，2002（3）.

3. 费孝通. 学术自述与反思. 北京：生活·读书·新知三联书店，1996.

4. 甘绮霞．幸福紫南人．佛（禅）内准字2015第096号．

5. 吕啸天．“义工”村官潘柱升传奇．北京：中国文史出版社，2013.

6. 斐迪南·滕尼斯．共同体与社会．林荣远译．北京：商务印书馆，1999.

7. 齐格蒙特·鲍曼．共同体．欧阳景根译．南京：江苏人民出版社，2007.

8. 费正清．美国与中国（第4版）．张理京译．北京：世界知识出版社，1999.

9. 项继权．中国农村社区及共同体的转型与重建．华中师范大学学报（人文社会科学版），2009（3）．

10. 岑颖，凌文铨，方俐洛．城市居民社区意识调查．改革与战略，2003（8）．

11. 王颖．民主自治：社区建设的核心．唯实，2003（Z1）．

12. 夏建中．治理理论的特点与社区治理研究．黑龙江社会科学，2010（2）．

13. 郑杭生，黄家亮．当前我国社会管理和社区治理的新趋势．甘肃社会科学，2012（6）．

14. 张勇，张珺．新型社区理论读本：中国人的新型生活共同体．广州：暨南大学出版社，2014.

15. 世界环境与发展委员会．我们共同的未来．王之佳等译．长春：

吉林人民出版社，1997.

16. 郝娟．西欧城市规划理论与实践．天津：天津大学出版社，1997.

17. 尹绣．城市社区网络结构新概念及其规划方法初探．新建筑，1998（1）.

18. 吴志华，翟桂萍，汪丹．大都市社区治理研究：以上海为例．上海：复旦大学出版社，2008.

19. 俞可平．治理与善治．北京：社会科学文献出版社，2000.

20. 徐永祥．社区发展论．上海：华东理工大学出版社，2000.

21. 广东省民政厅课题组．构建街道民主协商机制　推动基层社会治理创新．民政部政策研究中心，2015.

22. 翟桂萍．社区共治：合作主义视野下的社区治理．社会学研究，2008（3）.

23. 刘岩，刘威．从"公民参与"到"群众参与"．浙江社会科学，2008（1）.

24. 丁元竹．理解社区．中国农业大学学报（社会科学版），2008（4）.

25. 王敬尧．参与式治理：中国社区建设实证研究．北京：中国社会科学出版社，2006.

26. 多吉才让．城市社区建设读本．北京：中国社会出版社，2001.

27. 李昌平．再向总理说实话．北京：中国财富出版社，2012.

28. 陈家刚．协商民主引论．马克思主义与现实，2004（3）.

29. 陈辉．新中国成立60年来城市基层治理的结构与变迁．政治学研究，2010（1）.

30. 陈剩勇．协商民主理论与中国．浙江社会科学，2005（1）.

31. 陈家刚．协商民主：概念、要素与价值．中共天津市委党校学报，2005（3）.

32. 陈家刚．协商民主与国家治理：中国深化改革的新路向新解读．北京：中央编译出版社，2014.

33. 高勇泽．中国协商民主理论研究．辽宁师范大学博士学位论文，2010.

34. 何包钢．协商民主和协商治理：建构一个理性且成熟的公民社会．

开放时代，2012（4）.

35. 季丽新，张晓东．我国农村民主协商治理机制的实际运行及优化路径分析：以山东、山西、广东省三个村庄的个案考察为基础．中国行政管理，2014（9）.

36. 金安平，姚传明．“协商民主”：在中国的误读、偶合以及创造性转换的可能．新视野，2007（5）.

37. 卢瑾．当代西方协商民主理论研究：现状与启示．政治学研究，2008（5）.

38. 李立国．加强城乡社区协商　深化基层群众自治实践：民政部部长李立国解读《关于加强城乡社区协商的意见》．新华网，2015－07－22.

39. 李泉．治理理论的谱系与转型中国．复旦学报（社会科学版），2012（6）.

40. 李仁彬．关于协商民主与基层治理的研究报告：以成都农村新型基层治理机制为例．中共成都市委党校学报，2012（6）.

41. 中共中央办公厅，国务院办公厅．关于加强城乡社区协商的意见．2015.

42. 庞小宁，贾心洁．城市社区治理：从政府主导走向协同自治．未来与发展，2013（12）.

43. 齐卫平，陈朋．协商民主：城市基层治理的有效模式：基于上海H社区的个案分析．理论与改革，2008（5）.

44. 孙存良．当代中国民主协商研究．中国人民大学博士学位论文，2008.

45. 深圳市罗湖区委、罗湖区人民政府．依法归位赋权　激活多元参与：推动社区协商民主制度化发展．2015.

46. 王杉．简析城市社区治理中协商民主的机制创新：以上海市徐汇区为例．法制与社会，2015（16）.

47. 吴兴智．公民参与、协商民主与乡村公共秩序的重构：基于浙江温岭协商式治理模式的研究．浙江大学博士学位论文，2008.

48. 夏建中．现代西方城市社区研究的主要理论与方法．燕山大学学报（哲学社会科学版），2000（2）.

49. 谢岳，党东升．草根动员：国家治理模式的新探索．社会学研究，2015（3）．

50. 薛澜．顶层设计与泥泞前行：中国国家治理现代化之路．公共管理学报，2014，11（4）．

51. 周晨虹．英国城市复兴中社区赋权的“政策悖论”及其借鉴．城市发展研究，2014（10）．

52. 朱圣明．基层民主协商的实践与探索：以浙江温岭民主恳谈为例．中国特色社会主义研究，2014（2）．

53. 广东省社会科学院产业经济研究所课题组．发展幸福导向型产业，引领广东产业转型方向．广东省社会科学院，2012.

54. 广东省城市社区建设研究会课题组．建设天誉幸福社区调研报告．广东省城市社区建设研究会，2012.

55. 王廉，张勇．大转型：幸福广东率先垂范．广州：暨南大学出版社，2012.

56. 刘达华．现代社区研究．深圳：海天出版社，2006.

57. 唐忠新．构建和谐社区．北京：中国社会出版社，2006.

58. 韩子荣，连玉明．学习型社区．北京：中国时代经济出版社，2005.

59. 翁卫军，杨张乔．建设现代和谐社区：杭州市下城区社区建设创新研究．北京：中国社会出版社，2006.

60. 韩升．生活于共同体之中：查尔斯·泰勒的政治哲学．北京：中国社会科学出版社，2010.

61. 王琳，漆国生．城市社区治理与保障研究．北京：北京理工大学出版社，2010.

62. 赵民，赵蔚．社区发展规划：理论与实践．北京：中国建筑工业出版社，2003.

63. 魏娜．社区管理原理与案例．北京：中国人民大学出版社，2013.

64. 张兴杰．社区管理．广州：华南理工大学出版社，2007.

65. 韩子荣，连玉明．服务型社区．北京：中国时代经济出版社，2005.

66. 刘洪，刘小敏．城乡社区建设理论与实务研究．广州：广东世界图书出版公司，2009.

67. 汪萍．空间重组与社区重建：一项苏州工业园区失地农民聚居区的研究．北京：科学出版社，2012.

68. 戴烽．公共参与：场域视野下的观察．北京：商务印书馆，2010.

69. 孟固，白志刚．社区文化与公民素质．北京：中国社会出版社，2005.

70. 单菁菁．社区情感与社区建设．北京：社会科学文献出版社，2005.

71. 郑琦．论公民共同体：共同体生成与政府培育作用研究．北京：中国社会出版社，2011.

72. 林尚立．社区民主与治理：案例研究．北京：社会科学文献出版社，2003.

73. 黄序．城市发展中的社区建设：北京城市社区实证研究与文明社区考评体系．北京：中国城市出版社，2002.

74. 张勇．幸福广东蓝皮书 2012. 广州：暨南大学出版社，2012.

75. 广东省民政厅课题组．城市社区居民自治研究．民政部政策研究中心，2013.

76. 贝尔．后工业社会的来临．高锋译．北京：商务印书馆，1984.

77. 孟醒．统筹城乡社会保障．北京：经济科学出版社，2005.

78. 陈良谨．社会保障教程．北京：知识出版社，1990.

79. 葛寿昌．社会保障经济学．上海：复旦大学出版社，1990.

80. 郑秉文，和春雷．社会保障分析导论．北京：法律出版社，2001.

81. 郑功成．社会保障学．北京：商务印书馆，2000.

后 记

80 年前，中国著名社会学家费孝通出版了一本轰动中外的著作——《乡土中国》。在《乡土中国》中，费孝通先生把中国当成一个巨大的村庄来解剖，并用通俗、简洁的语言对中国基层社会的主要特征进行了理论上的概述和分析，较为全面地展现了中国基层社会的面貌。这本书最开始就写了这样一句话："从土里长出过光荣的历史，自然也会受到土的束缚，现在很有些飞不上天的样子。"乡土中国，并不是说中国的乡村，也不是说中国乡村的乡土性。中国社会是乡土性的，这种乡土性表现为社会生活的方方面面都受到土地的影响。但随着中国现代化进程的发展，中国的乡土社会受到了冲击。社区中国的崛起，就是一个最明显和最深刻的中国社会结构转型。

要真正了解中国社会结构转型的内涵，不仅要从落后的农业国家转向先进的工业国家这一经济变迁的视角去理解，而且还要进一步从中国人的文化和心理结构这一深层次变化去研究和探索。我们的乡土社会在受理性社会的冲击，我们的乡土社会在很多方面被瓦解着，那是工业文明带来的结果。时至今日，中国农村新型社区是中国村庄新型城镇化、新型工业化和现代化的演化版本。在这种演化进程当中，中国村庄向新型社区转型会有哪些新的走向？中国村民的身份和生活方式、文化心理结构会发生哪些具体的变化？这一切，理所当然成为当代社会科学工作者和人文学者关注和探讨的一个时代新课题。

在广东省佛山市禅城区南庄镇西北面，有一个名字叫紫南村的行政村，这个原本脏、乱、差的旧村庄，经过短短八年时间的飞速发展，一跃成为全国民主法治示范村和宜居宜业宜游宜学宜梦想的新型社区。昔日因各种问题频繁上访的紫南村民，变成今日的幸福紫南人。紫南村建设幸福村居的探索和实践以及取得跨越式发展的经验，值得我们借鉴，值得我们学习。

2012年10月，广东省委、省政府出台了《广东省创建幸福村居五年行动计划》，要求全省经过五年的努力，使农村在人居环境、生态保护、产业发展、文明素质、公共服务和社会管理等方面有明显改善和提高，从而提升农村居民的归属感、满足感、安全感，最终提升农村居民的幸福感。本书正是在《广东省创建幸福村居五年行动计划》的实践探索的沃土上，如幼苗一样生根发芽，破土而出。

在本书即将付印出版之际，我要表达心中的感谢：

感谢中共广东省委宣传部、广东省社会科学界联合会、广东省社会科学院等单位领导和专家共同组成“幸福广东”丛书编委会，为本书的编辑出版提供了指导和支持。

感谢广东省政协常委、文化与文史委主任田丰，广东省社会科学院院长王珺，广东省委农村工作办公室主任陈祖煌，中共广东省委宣传部原副部长、广东省城市社区建设研究会会长李子彪，广东省城市社区建设研究会执行会长钟浩天为本书的课题研究和编辑出版提供了指导和帮助。

感谢广东省社会科学界联合会王晓主席，广东省社会科学院刘小敏副院长、周薇副院长，中共广东省委宣传部理论处丁晋清处长，广东社会学学会范英会长，中山大学社会学与人类学学院蔡禾教授、政治与公共事务管理学院陈那波副教授，广州泛珠城市发展研究院王廉院长，广东省民政厅庄侃主任、周惠明处长、刘德华副调研员、吴金卫副处长、叶小燕主任科员、李进民处长、聂元松处长，广东省社会科学界联合会社团联络部杨小蓉主任、社科普及办刘正春主任，以及我所在的广东省社会科学院文化产业研究所全体同仁，尤其是钟晓毅所长给予的宽容和理解，感谢你们给予的关心、支持和鼓励。

感谢广东省佛山市禅城区人大常委吴纪元、禅城区南庄镇紫南村委会潘柱升书记给本书的课题研究和编辑出版提供的具体帮助。同样感谢的还有紫南村委会潘伟添副书记、潘笑颜委员对课题研究的支持。

华南农业大学公共管理学院土地资源管理专业张珺同学、广东省社会科学院刘勇副研究员参与了本书部分章节的撰写工作，给本书内容添色增辉。

感谢为本书编辑出版做了大量工作的暨南大学出版社李战副总编辑及全体编校人员，以及为本书提供紫南村相关资料和图片的广州工商学院田湘南副教授、紫南村委会冯丽华女士。广东省城市社区建设研究会办公室的李明亮为本书整理提供了中国各地幸福村居建设的相关资料。

初冬时节的羊城，依然温暖如春。在此，请接受我诚挚的谢意！

作　者

2015 年 11 月 20 日于广州金麟台